당신은 하나님의 자녀입니다.

하나님께서 사랑하시는 소중한

_____ 에게

이 책을 드립니다.

| 1년 52주 하루 15분, 한 줄 성경의 힘 |

말씀 챙김

1년 52주 하루 15분, 한 줄 성경의 힘

말씀 챙김

킴벌리 D. 무어 지음 / 나수아 옮김

아이템하우스

The Bible in 52 Weeks
A Yearlong Bible Study for Women

Copyright © Callisto Media, Inc., 2021
First Published in English by Rockridge, an imprint of Callisto Media, Inc.
All rights reserved.
Korean translation copyright © 2021 by the Itemhouse

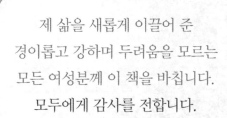

제 삶을 새롭게 이끌어 준
경이롭고 강하며 두려움을 모르는
모든 여성분께 이 책을 바칩니다.
모두에게 감사를 전합니다.

◆ 차례

저는 교회에서 나고 자랐다고 해도 과언이 아닐 만큼, 오랫
동안 교회에 몸담고 지내 왔습니다. 대학교 재학 시절, 예수님
을 인격적으로 만나고 나의 구주로 영접한 후부터 신실하게
주님을 섬겨 왔습니다. 수년간 교회의 여러 부서에서 다양한 직책을 맡
아 봉사했습니다. 주일 학교 교사와 부감, 교회 연주자, 찬양대 단장, 여
성 부서 리더, 성경 공부 교사, 교회 간사, 부서 회계 등 많은 직분을 맡
아 섬겼습니다.

그러던 중 1995년, 예수 그리스도의 복음을 전할 수 있는 자격을 취득
했고, 2001년에 지역 교회에서 목사 안수를 받았습니다. 그 후 지역 교
회 봉사 부서에서 부목사로 섬겼습니다. 곧 신학교에 입학했고, 2008년
졸업할 때까지 몇 년간은 시간제 부목사로 섬겼습니다. 그리고 하나님
의 은혜로, 졸업과 동시에 노스캐롤라이나주에 위치한 임마누엘 침례
교회의 담임 목사로 청빙을 받는 축복을 받았습니다.

제가 담임 목사로 부임하는 일은 개스턴 카운티에서도 역사적인 사건
이었습니다. 저는 개스턴 카운티 침례 교단에 속한 첫 번째 여성 목사였
고, 당시 노스캐롤라이나주에서도 여성 목사는 매우 드물었기 때문입
니다. 당연히 교회 지도부에서도 여성 대표자는 충분하지 않았습니다.
특히 침례 교단에서는 수가 더욱 적었죠. 이러한 사실이 제 마음을 움직
였고, 그동안 제가 습득한 신앙의 원칙과 지식을 다른 여성 목회자들과
나누며, 그들을 격려하고 용기를 불어넣기 시작했습니다.

제 삶을 이런 놀라운 방식으로 축복해 주신 하나님께 감사하며, 지금 여러분과 함께 말씀을 나눌 수 있어 무척 기쁩니다. 제가 믿고 또 좋아하는 성경 말씀을 가지고 집필하는 모든 시간이 저는 이루 말할 수 없이 즐거웠습니다. 이 글을 읽는 여러분도 말씀에 대한 통찰력과 새로운 계시를 얻는 귀한 시간이 되길 바랍니다.

우리는 때로 말씀 읽기를 주저합니다. 말이 너무 어렵거나 말씀의 의미를 이해하기가 어렵기 때문입니다. 이 책은 그런 당신이 매일 말씀을 읽고 이해하며 삶에 적용할 수 있도록 돕기 위해 쓰였습니다.

성경과 이 책을 함께 읽어 가면서, 여러분이 믿음 위에 굳게 서고 오랫동안 간구하던 답을 발견할 수 있기를 소망합니다. 때로 여성은 모든 것을 한데 묶고 다독이는 역할을 감당합니다. 격려하고 기운을 북돋아 주는 사람들이죠. 아픈 곳을 어루만지고 상처를 싸매 주고 싶어 합니다. 그러면 그런 여성들은 누가 격려해 줄까요? 누가 여성의 기운을 북돋아 주고, 상처를 감싸 주나요? 이 책이 여러분의 영혼을 살리고, 상처 입은 곳에 하나님의 치유를 깃들게 하며, 여러분이 얼마나 귀중한 존재인지 일깨워 주기를 기도합니다.

이 책은 여러분이 성경 전체를 읽고 배우는 데 도움을 줍니다. 순서대로 읽어 가다 보면, 1년 만에 성경을 일독하게 될 것입니다. 저는 여러분이 시간을 최대한 활용하여, 말씀 묵상과 공부에 임하기를 바랍니다. 우리는 책 한 권을 끝까지 읽지 못할 때가 많습니다. 책이 손 닿을 거리에 있지도 않고, 너무 바쁘기 때문이기도 합니다. 그러나 매일 말씀을 읽는 데 하루 15분이면 충분합니다.

먼저 성경이 어떻게 구성되어 있는지 알아야 합니다. 성경은 총 66권으로, 구약 39권과 신약 27권으로 이루어져 있습니다. 또 구약 39권은 율법서, 역사서, 시가서, 선지서(소선지서와 대선지서)로 나뉩니다. 구약 성경에는 믿음의 기초를 확립하는 데 유용한 정보와 역사적 기록이 풍부하게 기록되어 있습니다.

신약 27권은 복음서, 사도행전, 바울의 서신서, 요한계시록(예언서)으로 이루어져 있습니다. 신약 성경은 우리에게 예수 그리스도를 통한 구원과 영생을 소망하게 합니다. 예수님의 경이로운 탄생을 비롯해 이 땅에서 예수님의 영향력 있는 삶과 끔찍한 죽음, 그리고 그의 영광스러운 부활 이야기를 찾아볼 수 있습니다. 또한, 초기 교회가 어떻게 형성되어 널리 전파되었는지도 볼 수 있죠. 우리는 삶과 사역을 위해 훈련을 받으며 주님이 다시 오실 날을 예비하고, 저 천국에서 하나님과 함께 영원히 살날을 고대합니다.

성경은 여러 가지 버전이 있습니다. 그중 여러분에게 가장 잘 읽히고,

이해하는 데 무리가 없는 성경을 선택해 읽으면 됩니다. 또한, 이 책은 말씀으로 하나님과 귀한 시간을 보내도록 돕는 것이 목적이지, 특정 교단이나 교파, 교리와는 아무 관련이 없음을 알려 드립니다.

| 필요한 준비물 |

바로 이 책, 《말씀 챙김》
성경책 – 여러분이 원하는 성경책을 사용합니다. 전자책이나 오디오 성경은 물론 휴대폰에 성경 앱을 다운로드 받아 이용할 수도 있습니다.
노트북, 일기장, 또는 아이패드 등의 태블릿 – 목록이나 생각을 작성할 때 유용할 것입니다.
펜, 또는 연필 등의 필기도구 – 노트나 일기장에 편하게 기록할 수 있습니다.

|《말씀 챙김》의 구성 |

이 책은 일 년, 52주간 매일 말씀을 읽을 수 있는 큰 틀을 제시합니다. 여러분은 매주 여섯째 날까지는 해당 주간에 읽을 '하루 말씀'에 제시된 성경을 읽을 것입니다. 일곱째 날은 그 주에 놓치고 못 읽은 말씀을 마저 읽도록 합니다. 묵상 글은 한 주의 말씀 가운데 일부를 골라 해설한 것입니다. 말씀의 교훈을 매일 여러분의 삶에 적용할 수 있도록 도와줄 것입니다. 묵상 글 이후에는 여러분이 진지하게 생각해 볼 만한 질문이 이어질 것이고, 기도문과 중요한 말씀 구절, 그리고 다양한 실천 방안도 찾아볼 수 있습니다.

매일 읽는 하루 말씀은 충분히 감당할 수 있는 분량입니다. 말씀 읽는 데 하루 15분에서 20분 정도가 걸릴 것입니다. 또한, 하루 말씀은 꼭 연대기 순으로만 제시된 것은 아닙니다. 그러하기에 시가서의 웅장함과 복음서의 아름다움을 읽는 데 굳이 몇 달을 기다리지 않아도 됩니다. 일년 중 갑작스럽게 시가서나 복음서를 만날 수도 있습니다. 이번 주에는 구약 선지자들의 통찰력에 감동하였다면, 다음 주에는 바울 서신을 읽으며 감명받을 수 있는 것이죠.

| 《말씀 챙김》의 활용 방안 |

성경 공부는 혼자서는 물론, 교회에서 독서 모임이나 소그룹으로도 할 수 있다는 장점이 있습니다. 이 책은 특별히 그룹 토론을 위해 만든 질문 '그룹 성경 묵상 가이드'가 뒤에 실려 있습니다. 또한, 묵상 포인트의 다양한 질문을 활용하여 토론을 유도하고, 개인적인 이야기도 나눌 수 있습니다. 어떤 방법을 이용하든지, 그룹 내의 대화가 활발해질 것입니다.

| 당신은 할 수 있습니다! |

독서가 좋은 사람도 있고, 그렇지 않은 사람도 있습니다. 성경책을 펼쳐 놓고 읽는 취향이 아니면, 오디오 성경이나 성경 앱을 이용하도록 하세요. 어쩌다 말씀 읽기를 놓쳤다고 해서, 자신을 너무 탓하지 마세요. 그저 놓친 부분부터 차근차근 읽어 나가면 됩니다. 이 책의 목적은 여러분이 매일 말씀을 읽으며 시간을 보내는 데 익숙해지는 것입니다. 말씀 앞에 더 오래 머무를수록, 하나님을 아는 지식과 능력은 더욱 자라나게 될 것입니다. 이 책을 여러분의 일상에 들여놓고, 또한 하나님의 말씀 앞에서 보내는 복된 시간이 점차 늘어나기를 소망합니다. 여러분을, 또 나의 믿음의 자매님을 믿습니다. 여러분이 넉넉히 해낼 수 있다고 믿어 의심치 않아요. 이제 시작해 봅시다!

WEEK 1

| 제1주 |

하나님께
능하지 못한 일은
없습니다

| 하루 말씀 |

- ■ 첫째 날: 창세기 1-4장
- ■ 둘째 날: 창세기 5-8장
- **■ 셋째 날: 창세기 9-12장**
- ■ 넷째 날: 창세기 13-15장
- **■ 다섯째 날: 창세기 16-18장**
- ■ 여섯째 날: 창세기 19-21장
- ■ 일곱째 날: 놓친 말씀 따라잡기

 오늘은 누군가의 위로자인 당신에게 도리어 위로와 격려의 말을 전하고 싶습니다. 당신이 온 힘을 다해 주위 사람의 어려움을 돌아보고 도움을 베푸는 동안에도, 하나님께서는 당신을 잊지 않고 돌보고 계십니다. 당신의 기도를 들으시고, 마음의 소원과 근심까지도 기억하고 계시죠. 하나님께서는 창세기 18장 14절에서 아브라함에게 이렇게 질문하십니다. "여호와께 능하지 못한 일이 있겠느냐". 너무나 당연하게도 여호와께 능하지 못한 일이란 없습니다. 더욱이 그 여호와는 "우리 가운데서 역사하시는 능력대로 우리가 구하거나 생각하는 모든 것에 더 넘치도록 능히 하실 이"(엡 3:20)이십니다. 하나님께서 못 하실 일은 찾을 수도, 구할 수도 없습니다.

사라와 아브라함 이야기에서, 하나님께서는 아브라함에게 너로 큰 민족을 이루고 모든 족속이 너로 말미암아 복을 얻을 것이라고 말씀하셨습니다(창 12:2-3). 당시 아브라함은 그 언약을 이해하지 못했을 것입니다. 그와 사라에게는 자녀가 없는 데다가, 둘 사이에 자녀가 생기기에는 자신들이 나이가 많아 늙었다고 생각했기 때문이죠.

창세기 16장에는 아직 자녀가 없던 시절의 사라가 등장합니다. 사라는 후사 문제를 스스로 해결해 보고자, 남편 아브라함에게 자기 여종인 하갈을 첩으로 삼도록 종용했습니다. 결국 아브라함과 여종 하갈 사이에 이스마엘이라는 아들이 태어났죠. 하나님께서는 이 일을 허용하셨지만, 결코 명령하신 적은 없습니다. 하나님께서 말씀하신 언약을 우리 스스로 성급히 해결하려 해서는 안 된다는 사실을 명심해야 합니다.

　창세기 18장에서 하나님은 아브라함과 사라에게 도무지 납득할 수 없는 약속을 해 주셨습니다. 그 약속은 아브라함이 백 세, 사라가 구십 세라는 나이 때문에 불가능해 보이기만 했죠. 하나님께서 아브라함과 최초로 언약을 맺으신 창세기 12장 사건 이후로 어느덧 13년이라는 세월이 흘렀지만, 아브라함과 사라에게는 그 어떤 약속의 징조도 보이지 않았습니다. 아무런 조짐도 없이 오랜 세월을 기다려 왔지만, 불가능한 상황이 여전히 가능하다고 말하는 누군가가 있다면 당신은 어떻게 하나요? 그 약속이 황당무계할 때는 또 어떻게 반응하나요?

　의심에 굴복되지 않도록 마음을 다잡아야 합니다. 물론 말은 쉬워도 실제 행하기는 무척 어렵죠. 굳은 결심을 꺾어 버리고, 무력감과 정체감에 빠트리는 의심의 위력에 대해 저도 혹독하게 배워야 했던 적이 있습니다. 그 의심은 삶에 계신 하나님을 신뢰하기보다, 당신이 직접 삶을 통제하도록 부추깁니다. 그러나 의심의 자리를 '믿음'으로 바꿀 때, 비로소 하나님의 이끄심을 경험하게 될 것입니다.

상황이 한없이 막막할 때, 회의감에 빠지기 쉽습니다. 그러나 말씀 가운데 드러난 신실하신 하나님을 신뢰하시기 바랍니다. 의심이 믿음으로 바뀌면, 하나님의 일하심을 깨닫게 될 뿐만 아니라 하나님께서 베푸신 은혜를 충만히 받게 될 것입니다. 여호와께 능하지 못한 일은 결코, 전혀 없다는 진리를 믿어야 합니다.

| 묵상 포인트 |

1. 불가능한 상황에 맞닥트리면, 당신은 주로 어떻게 해결하는 편인가요? 만약 앞으로 불가능한 상황에 부닥친다면, 어떻게 해결해 나갈 건가요?

_____

_____

_____

2. 이번 주 묵상이 당신의 '믿음'에 대해 어떤 깨달음을 주었나요?

_____

_____

_____

3. 당신 스스로 믿음이 견고하다고 생각했던 때, 반대로 믿음이 부족하다고 생각했던 때가 있었나요? 각각 어느 때였고, 왜 그렇게 생각했나요?

_____

_____

_____

4. 전심으로 기도하며 해결해야 할 불가능한 상황은 무엇인가요?

_____

_____

_____

| 적용 포인트 |

1. 긍정적으로 생각하고 말하기로 다짐해 보세요. 평소 자주 내뱉는 부정적인 단어가 있다면, 긍정적인 단어로 바꾸어 말해 보세요.

2. 의심이 밀려올 때마다 의식적으로 깨어 믿음을 선포하세요.

3. 주말에는 하나님을 믿고 따르는 삶에, 1번 실천 사항이 어떻게 도움을 주기 시작했는지 노트에 적어 보세요.

WEEK **2**

| 제2주 |

절대로 포기하지 마세요

| 하루 말씀 |

- 첫째 날: 창세기 22-25장
- 둘째 날: 창세기 26-29장
- 셋째 날: 창세기 30-33장
- **넷째 날: 창세기 34-36장**
- 다섯째 날: 창세기 37-41장
- 여섯째 날: 창세기 42-46장
- 일곱째 날: 놓친 말씀 따라잡기

 목표를 너무 일찍 포기해서 후회한 적이 있나요? 졸업까지 겨우 몇 학점밖에 남지 않았음에도, 다시 학교로 돌아가 마저 이수할 여력이 없다며 단념해 버리는 상황을 예로 들어 봅시다. 이해합니다. 때마침 시기가 나빴죠. 재정적으로 어려움을 겪거나 병든 가족을 돌봐야 했기에 꿈을 좇는 일은 나중으로 미뤄 두어야 했습니다. 일찌감치 포기를 선언한 것이죠. 그리고 다시 시작하기에는 너무 늦었다며 자신을 스스로 타일렀습니다.

창세기 35장 말씀에서, 라헬은 자신의 소원을 끝내 이루지 못한 채 생을 마감했습니다. 말씀을 계속 따라 읽었다면 아시겠지만, 라헬은 자녀를 갖지 못한 사실에 몹시 슬퍼했습니다(창 30). 반면, 언니 레아는 다산의 축복을 받아 자녀를 많이 낳았죠. 이런 상황이 라헬을 더욱 고통스럽게 했습니다. 그러나 후에 하나님께서 라헬을 생각하시고 태를 열어 아들을 주셨으니, 그 아들이 바로 요셉입니다. 하나님께서 베푸신 기적을 경험한 라헬은 즉시 자신의 앞날을 향해 예언의 말을 선포했습니다. 하나님께서 또 다른 아들을 자기에게 주실 거라는 소망의 말이자, 하나님께서 그 소망을 이루어 주실 거라는 믿음의 선포였죠.

그러나 라헬은 하나님께 잘못을 저지르고 말았습니다. 우상을 끊어버리고 하나님만을 전적으로 의지할 믿음이 부족했기에, 라헬은 결국 무너지고 말았습니다. 창세기 31장은 라헬의 믿음 없는 행실을 여실히 기록하고 있습니다. 야곱이 식구를 모두 데리고 라반의 집을 떠나려 했을 때, 라헬은 아버지 라반의 우상, 즉 드라빔(Teraphim)을 도둑질해서 출발했습니다. 곧 드라빔이 없어진 사실을 알게 된 라반은 야곱을 뒤쫓아가서 추궁하고 질책했습니다. 이에 야곱은 그 범인이 라헬이라는 사실도 모른 채, 우상을 훔친 자는 누구든지 살지 못할 거라고 저주를 퍼부었죠. 라헬은 훗날 다시 임신하여 해산하게 되었고, 그 상황은 "심히 고생하여"(창 35:16)라고 기록되어 있습니다. 불순종의 결과로, 라헬은 결국 극심한 산고를 겪다가 출산 중에 죽었습니다. 아기는 무사히 태어났지만, 라헬은 소망을 눈앞에 두고 장사 되었습니다. 기적처럼 '또 다른 아들'을 보게 되었지만, 그 아들을 품에 안는 기쁨을 누릴 수는 없었죠.

주 안에서 사랑하는 자매님, 아무리 삶의 여정이 힘들더라도 절대로 포기하지 마세요. 당신이 품은 꿈과 소망은 기적과도 같습니다. 부디 그 꿈들이 물거품으로 돌아가지 않도록 합시다. 꿈은 당신을 통해 반드시 이루어질 것입니다. 조언자인 당신을 통해, 당신이 쓴 책을 통해, 또한 당신이 시작한 사업을 통해서도 말이죠. 그러니 뒤에 묵혀 두었던 그 꿈들을 끄집어내 들고, 다시 한번 여로에 서 봅시다. 목적지는 당신의 생각보다 훨씬 더 가까이에 있습니다.

| 묵상 포인트 |

1. 실현 가능성이 없어 보여서, 당신이 포기했던 목표가 있나요?

_____

_____

_____

_____

2. 당신에게 있어, 다시 한번 끄집어내어 시작해야 할 비전이나 꿈은 무엇인가요?

_____

_____

_____

_____

3. 라헬의 두 번째 출산을 돕던 산파는 "두려워하지 말라"(창 35:17)라는 말로, 라헬의 영혼이 떠나가는 순간까지 그녀를 위로하고 용기를 북돋워 줍니다. 당신에게도 격려가 필요한 사람이 있나요? 그렇다면 어떻게 도움을 줄 수 있을까요?

_____

_____

_____

_____

| 적용 포인트 |

1. 이번 주에는 세 번 정도 몇 분씩 시간을 내어, 당신의 목표가 올바른 방향으로 나아가도록 기도해 보세요.

2. 당신의 창의력을 일깨울 수 있도록, 관심 분야의 영상을 찾아보거나 팟캐스트를 들어 보세요.

3. 목표를 달성하려면 계획을 세워야 합니다. 일간이나 월간, 혹은 연간 계획표를 작성해 보세요.

4. 당신이 사명감과 책임감을 가질 수 있도록, 작성한 계획표와 목표한 바를 지인에게 나누어 보세요.

WEEK 3

| 제3주 |

모든 것은 하나님의 계획하심 가운데 있습니다

| 하루 말씀 |

- 첫째 날: 창세기 47-50장
- **둘째 날: 출애굽기 1-3장**
- 셋째 날: 출애굽기 4-7장
- 넷째 날: 출애굽기 8-11장
- 다섯째 날: 출애굽기 12-15장
- 여섯째 날: 출애굽기 16-18장
- 일곱째 날: 놓친 말씀 따라잡기

출애굽기 2장에는 모세의 출생 이야기가 등장합니다. 당시 애굽 왕 바로는 모든 백성에게 명령을 내렸습니다. 이스라엘 자손 중에 아들이 태어나거든 나일강에 던져 죽이라는 아주 무시무시한 명령이었죠. 아들을 낳은 여느 어머니와 마찬가지로, 모세의 어머니도 사랑하는 아들을 잃고 싶지 않았습니다. 그래서 아들을 보자기에 싸서, 역청과 나뭇진을 칠한 갈대 상자에 담아 나일강 강가의 갈대숲 사이에 두었습니다. 그날, 때마침 바로의 딸이 나일강에 목욕하러 나왔다가 갈대숲 사이에 있는 상자를 발견하고는 시녀를 보내어 가져오도록 했습니다.

바로의 딸은 우는 아기를 보며 불쌍한 마음이 들었고, 히브리 사람의 아기가 분명하다고 생각했죠. 이 모습을 멀리서 지켜보던 모세의 누이 미리암은 곧장 바로의 딸에게 나아갔습니다. 그리고는 이 '정체불명'의 아기에게 젖을 먹일 히브리 유모, 말하자면 모세의 어머니를 데려오겠다고 자처했습니다. 바로의 딸은 이를 좋게 여겼습니다.

이제 모세의 어머니는 놀랍게도 다시 제자리로 돌아왔습니다. 아들을 강물에 띄워 보내는 일은 어머니에게 가슴 찢어지는 슬픔이었지만, 아들을 살리기 위해서는 어쩔 수 없었습니다. 모세의 삶에는 분명한 목적이 있었고, 그 목적 때문에 하나님께서는 모세를 보호하셔야만 했죠. 적재적소에 필요한 사람들을 놓아두셨고, 이 일을 위해 그들을 직접 움직이시고 인도하셨습니다. 떠나보냈던 아기가 발견되어 다시 친어머니 품으로 돌아올 거라고, 그 누가 상상이나 할 수 있었을까요? 물에서 건

져진 이 아기 모세가 자라서 물이 좌우에 벽이 된 홍해 사이로 수많은 이스라엘 자손을 인도해 낼 거라고, 어느 누가 예상할 수 있었을까요? 하나님께서 당신의 삶에 목적을 갖고 계실 때는 예측 불가하며, 예상 밖의 일도 한 치의 오차 없이 이루어집니다. 모든 상황과 사람을 친히 협력하게 하시어, 결국 그 목적을 완수하시는 분이 바로 하나님이기 때문입니다.

당신이 엄마든 교사든, 혹은 간호사든 사회 복지사든 아니면 단순히 사람을 좋아하는 그 누군가든지, 하나님께서는 당신을 뜻하신 곳에 두어 누군가의 목적을 성취하는 도구로 사용하실 수 있습니다. 당신의 친절한 말 한마디 혹은 애정 어린 충고, 심지어 심한 비판의 말조차도 누군가의 삶을 선하게 변화시킬 수 있다는 데 큰 의미가 있습니다. 그러니 당신이 타인의 삶에 큰 영향을 미칠 수 있다는 사실을 꼭 기억하세요. 절대로 자기 자신을 무가치하다고 여기거나, 당신이 마땅히 해야 할 조언이나 충고가 사소한 것이라고 무심히 넘겨짚지 마세요. 모든 것은 합력하여 선을 이루어 가시는 하나님의 계획하심 가운데 있기 때문입니다.

| 묵상 포인트 |

1. 당신의 삶에 주어진 목적이 무엇인지 알고 있나요?

_____

_____

_____

_____

2. 누군가가 목적을 이루는 데 당신이 도움을 주었던 경험이 있나요? 그렇다면, 그들에게 어떤 방법으로 도움을 주었나요?

_____

_____

_____

_____

3. 때로는 두려움이 앞서기에, 도움의 손길을 건네기보다 포기해 버리는 경우가 있습니다. 그랬던 경험이 있다면, 당신에게 가장 큰 걸림돌은 무엇이었나요? 그 상황에서 당신은 어떻게 하는 편이 나았을까요?

_____

_____

_____

_____

| 나를 위한 기도 |

사랑하는 하나님, 저의 모든 마음과 정성을 다해 주님을 기쁘게 해 드리길 원합니다. 이번 주에 마주치게 되는 사람들에게 선한 영향력을 끼치고 진리의 빛을 발할 수 있게 도와주세요. 우리 한 사람 한 사람을 향해 하나님께서 계획을 갖고 계신 줄 압니다. 마음을 다하여 여호와를 신뢰하고 나의 명철을 의지하지 않으며, 범사에 하나님을 인정하며 내 길을 지도하시기를 날마다 간구합니다(잠 3:5-6). 아멘.

WEEK **4**

| 제4주 |

연단의 시간,
하나님께 감사합시다

| 하루 말씀 |

- 첫째 날: 출애굽기 19-21장
- 둘째 날: 출애굽기 22-25장
- 셋째 날: 출애굽기 26-29장
- **넷째 날: 출애굽기 30-32장**
- 다섯째 날: 출애굽기 33-36장
- 여섯째 날: 출애굽기 37-40장
- 일곱째 날: 놓친 말씀 따라잡기

출애굽기 25장부터 27장까지, 하나님께서는 모세에게 성
막(거룩한 장막이라는 뜻으로 예루살렘에 최초로 성전이 건축되기 전, 하나님의 처소를 상징하던 장소) 만드는 법을 가르쳐 주셨습니다.
또한, 출애굽기 28장과 29장에는 각각 제사장의 옷과 직분에 대한 규례
가 나옵니다. 하나님께서 말씀하신 지시사항들은 하나부터 열까지 아
주 구체적이고 상세했습니다. 거룩한 하나님께서 성막에 임재하시려
면, 제사장은 물론이고 성막 내부의 모든 기구에 거룩한 향기름, 즉 관
유(Anointing Oil)를 발라 먼저 거룩하게 해야 했습니다.

출애굽기 30장에는 하나님께서 모세에게 특별히 알려 주신 관유 제조
법이 등장합니다. 액체 몰약 오백 세겔과 그 반수의 향기로운 육계 이
백오십 세겔과 향기로운 창포 이백오십 세겔과 계피 오백 세겔, 그리고
감람 기름 한 힌이 그 재료입니다(출 30:22-24). 혼합물이 제대로 만들어
지려면, 이 모든 재료가 완전히 빻아지고 갈아지고 으깨져야만 했습니
다. 물론 감람 기름도 마찬가지입니다. 감람 기름은 올리브 열매로 만
드는데, 열매를 여러 번 으깨면 으깰수록 얻을 수 있는 감람 기름도 그
만큼 많아지죠.

우리도 삶 속에서 그렇게 빻아지고, 갈아지고, 으깨어지는 과정을 겪
었습니다. 인간관계, 직장과 결혼 생활에서, 심지어 목회 사역에서도 말
이죠. 하나님께서는 그런 고난의 시간을 통해 우리를 어느샌가 정금으
로 빚어 가십니다. 재정 부족에 시달리며 힘들었습니다. 배우자를 감내
하며 사느라 속이 상하고 지쳤습니다. 직장에서 맞닥뜨린 문제로 골머

리를 앓습니다. 하지만 이런 고통의 시기에 당신은 깨닫게 될 것입니다. 바로 당신이 하나님을 온전히 의지하고 있다는, 이전에는 알지 못했던 사실을 말이죠. 결국 기도 외에는 답이 없음을 깨닫고, 매일 하나님 앞에 나아가 읍소하며 의지하게 됩니다. 물론 깨어지고 단련되는 시간은 그 자체로 마냥 달갑지 않습니다. 그러나 하나님께서는 이 시기를 통해 당신을 순금으로 예비하시고, 하나님 나라의 일꾼으로 넉넉히 세워 가십니다.

그러니 삶이 제아무리 힘들고 고통스럽더라도 이 사실을 꼭 기억합시다. 고난은 영원하지 않다는 것, 또한 그 시간이 결코 헛되지 않다는 것을 말이죠. 고난 속에서 마음이 무너지기도 합니다. 그러나 하나님께서는 그 상황마저 선하게 이끄시어, 결국에는 거룩히 구별하는 향기름을 만들어 내십니다. 우리만 거룩히 구별되고 마는 것이 아닙니다. 우리의 간증과 은사가 또 다른 누군가를 거룩히 구별되도록 이끕니다.

바로 이때, 하나님의 도우시는 손길이 우리와 함께 계심을 보게 될 것입니다. 연단의 시간을 부끄럽게 여기지 맙시다. 오히려 하나님께 감사합시다.

| 묵상 포인트 |

1. 혹시 지난해에 부서지고, 깨어지는 연단의 시간을 보내셨나요? 그 시간을 어떻게 헤쳐 오셨나요? 얼마나 기도하셨나요? 캄캄한 어둠 속으로 숨어들었나요, 아니면 은혜의 자리로 나아오셨나요?

_____

_____

_____

_____

2. 지난 연단의 시간을 되돌아봤을 때, 하나님께서 당신에게 어떤 은혜를 베풀어 주셨다고 생각하나요?

_____

_____

_____

_____

| 적용 포인트 |

1. 지금 연단의 시간을 보내고 있는 지인들을 위해 기도하세요. 이번 주에는 한 사람 한 사람 이름을 불러 가며, 그들이 그 시간을 잘 견뎌 내게 해 달라고 특별히 기도해 봅시다.

2. 격려의 메시지를 보내거나, '자녀 돌봄' 봉사를 자원하거나, 혹은 한 끼 식사를 대접하는 등의 구체적인 방법으로, 당신이 기도하기로 다짐한 사람들을 위로해 주세요.

WEEK **5**

| 제5주 |

당신의 능력은
누군가에게 꼭 필요합니다

| 하루 말씀 |

- **첫째 날: 마태복음 1-3장**
- 둘째 날: 마태복음 4-7장
- 셋째 날: 마태복음 8-11장
- 넷째 날: 마태복음 12-15장
- 다섯째 날: 마태복음 16-19장
- 여섯째 날: 마태복음 20-22장
- 일곱째 날: 놓친 말씀 따라잡기

당신이 가진 달란트와 은사를 다른 사람의 것과 비교해 본 적이 있나요? 다른 사람이 가진 재능과 능력이 당신보다 월등히 뛰어나다고 느껴 본 적이 있나요? 그러나 결국 중요한 건, 우리는 모두 천차만별하며 실력도 제각각이라는 것이죠. 하나님께서는 각자의 다름을 사용하셔서, 우리가 서로 돕고 채워 주도록 하십니다.

마태복음 3장 13절부터 17절에는, 예수님께서 공생애를 시작하시기 전에 요단강으로 나아와 세례 요한을 만난 사건이 기록되어 있습니다. 예수님의 사촌인 요한은 그 일대에서 명망이 높은 인물이었습니다. 그가 천국이 가까이 왔다며, 결연하고 단호하게 회개의 말씀을 전파했기 때문이죠. 선지자들의 말씀에 영감을 받은 요한은 자신보다 능력 많으신 이가 오실 거라는 예언을 믿고 있었습니다. 그러하기에 요한 자신은 물로 세례를 베풀거니와 내 뒤에 오시는 이는 성령과 불로 세례를 베푸실 것이라고 담대히 선포할 수 있었죠.

어느 날, 예수님께서 요한에게 세례를 받으러 갈릴리로부터 요단 강에 이르렀습니다. 그러나 요한은 이를 강력히 거부했습니다. 기꺼이, 또 대담하게 주의 길을 준비하는 요한이었지만, 그는 자신을 예수님의 신을 들기도 감당하지 못한 자로 여겼습니다. 하지만 예수님께서는 "우리가 이와 같이 하여 하나님의 모든 의를 이루는 것이 합당하다"라고 말씀하셨죠. 말씀에 따르면, 예수님은 공생애 동안 그 누구에게도 세례를 베푸신 적이 없습니다(요 4:1-2). 같은 말씀에 기록되었듯이, 세례 요한은 아무 표적도 행하지 않았습니다
(요 10:41). 그러나 하나님께서는 하
나님 당신의 계획을 이루기 위해서
예수님과 세례 요한이 각자 맡은
사명을 모두 중요하게 여기십니다.

마찬가지로 당신이 맡은 사명
도 어느 것 하나 빠짐없이 중요
합니다. 어쩌면 다른 사람이 가진
은사를 당신은 못 가졌을 수도 있습니다. 노래를 기막히게 잘 부르거나
악기를 다루지도 못하고, 혹은 아름다운 시를 쓰지 못할지도 모릅니다.
그러나 당신의 '행함'이 중요합니다. 그것이 타인에게 베푸는 친절이든
아이들을 가르치는 능력이든 말이죠. 오직 당신만이 해낼 수 있는 역할
이 있습니다. 당신의 역할이 적으면 그 나머지는 제가 감당하면 되고,
제 역할이 적으면 그 나머지는 당신이 맡으면 됩니다. 어느 쪽이든 우리
에게는 서로가 필요합니다. 그러니 부디 당신의 가치와 사명을 하찮게
여기지 마세요. 당신이 가진 은사와 달란트가 그 무엇이든지, 누군가에
게는 그 능력이 꼭 필요합니다.

| 묵상 포인트 |

1. 당신은 어떤 은사를 받아서 사명 혹은 책임을 감당하고 있나요?

_____

_____

_____

_____

2. 당신의 장점은 무엇인가요? 그리고 능숙하게 잘하는 것은 무엇인가요?

_____

_____

_____

_____

3. 당신이 가진 은사와 재능을 발휘하지 못하게 가로막는 요인은 무엇인가요?

_____

_____

_____

_____

| 적용 포인트 |

1. 이번 주 묵상 때 잠시 시간을 내어 보세요. 그리고 당신이 쓰지 않고 묻어 둔 은사를 어디에, 어떻게 써야 할지 방법을 알려 달라고 하나님께 기도해 보세요.

2. 한때는 자기 자신을 미덥지 않게 여겼지만, 현재는 자신감을 가진 분야가 있나요? 그 분야에서 누군가를 도와줄 방법을 생각해 보세요.

3. 다른 사람이 과제나 계획을 완수하는 데 도움을 줄 만한 방법을 생각해 보세요. 당신의 도움이 꼭 필요할지도 모릅니다.

WEEK **6**

| 제6주 |

벽을 허물어 버립시다

| 하루 말씀 |

- ■ 첫째 날: 마태복음 23-25장
- ■ 둘째 날: 마태복음 26-28장
- ■ 셋째 날: 레위기 1-4장
- ■ **넷째 날: 레위기 5-8장**
- ■ 다섯째 날: 레위기 9-12장
- ■ 여섯째 날: 레위기 13-15장
- ■ 일곱째 날: 놓친 말씀 따라잡기

규칙! 규정! 규례! 별로 마음에 들진 않지만, 모두가 지켜야만 하는 것들입니다. 저에게도 규칙이 있습니다. 당신도 당신만의 규칙이 있고요. 믿음을 따라 사는 하나님의 자녀는 규칙과 원칙을 가져야 합니다. 조직은 정책과 절차를 따릅니다. 교회는 헌법과 내규를 준수하죠. 모든 사람에게는 타인이 넘어서서는 안 되는, 또는 지켜야만 하는 경계가 있습니다.

레위기에는 애굽 왕 바로의 지배를 벗어난 이스라엘 백성이 등장합니다. 하나님께서는 모세를 통해 이스라엘 백성이 죄를 범했을 때 속죄하는 절차와 방법을 말씀해 주셨습니다. 하나님은 이스라엘 백성을 즉시 끊어 버리지 않았습니다. 그들이 쉽사리 죄에 다시 빠질 것을 알고 계셨지만, 그럼에도 자기 백성을 돌이켜 그들과 동행하기를 원하셨습니다. 결국 속죄 규례는 이스라엘 백성의 허물을 덮었고, 그들은 죄 사함을 받았습니다. 여러 가지 제사와 각종 제물에 관한 규정도 있습니다. 레위기 4장에서 5장에는, "부지중에" 지은 죄를 속죄할 특별 지침과 더불어, 속죄제를 드리는 규례에 대해 이렇게 기록하고 있습니다. "그는 네가 지정한 가치대로 양 떼 중 흠 없는 숫양을 속건제물로 제사장에게로 가져갈 것이요 제사장은 그가 부지중에 범죄한 허물을 위하여 속죄한즉 그가 사함을 받으리라"(레 5:18).

당신에게 상처를 준 사람들과의 관계를 끊어 버리고 싶지 않았나요? 혹은 당신의 믿음을 저버린 사람과는 절대로 다시 상대하지 않겠다며 수없이 다짐하지 않았나요? 애정 어리면서도 설득적이며, 때로는 청하지 않았으나 지혜가 담긴 당신의 조언에 귀 기울이지 않았다고 해서, 누군가를 단념해 버리기로 작정하지는 않았나요? 우리는 그런 사람들을 아주 신속히 밀어 내치고 우리 삶에서 쫓아냅니다. 그러나 그것은 결코 하나님의 방법도 아니고, 명령도 아닙니다. 오히려 하나님께서는 이스라엘 백성에게 속죄제 규례를 주셨습니다. 더군다나 우리의 죄과를 대신 짊어질 희생 제물로 사랑하는 아들인 예수님을 보내 주셨습니다. 하나님께서는 우리를 아무 조건 없이 사랑하시기 때문입니다. 즉 우리를 죄에서 구원해야 했기 때문입니다. 하나님께서는 우리를 절대 포기하지 않으셨고, 실패자로 치부하지도 않으셨습니다. 도리어 하나님께서는 우리가 행한 모든 범죄에도 불구하고, 우리에게 당신의 사랑을 차고 넘치도록 보여 주셨습니다. 그 크신 하나님의 은혜에 조금이나마 보답하는 길은, 우리가 끊고자 하는 그 미움의 대상을 너그러이 용서하는 것입니다. 그래야 타인의 허물을 넉넉히 덮어 주는, 그리고 하나님의 성품을 닮은 '언약 백성'으로 살 수 있습니다.

지금 이 시대에는 하나님의 말씀을 따라 굳게 사는 언약 백성이 더욱 필요합니다. 때로는 그것이 마음의 벽을 허물게 하고, 타인과의 관계를 위해 당신을 희생하게 만들지도 모릅니다. 그러나 그들을 너무 빨리 포기하지 마세요. 하나님께서는 우리를 결코 포기하지 않으셨습니다. 당신의 삶에서 타인과의 관계에 선을 긋고 벽을 쌓기로 마음을 품기 전에, 먼저 당신을 향한 하나님의 크신 은혜와 변하지 않는 사랑을 떠올려 보세요. 우리도 그런 사랑을 베풀어 줍시다.

| 묵상 포인트 |

1. 타인과의 관계에서 당신만의 규칙은 무엇인가요? 당신이 타인에게 꼭 하는 일과 절대 하지 않는 일은 무엇인가요?

_____

_____

_____

_____

2. 당신의 신뢰를 잃어버린 누군가가 있나요? 당신이 우정이나 관계를 완전히 포기하게 만드는 상황은 무엇인가요?

_____

_____

_____

_____

3. 당신이 받고 싶었던 은혜와 호의를 도리어 다른 사람에게 베풀어 본 적이 있나요?

_____

_____

_____

_____

| 적용 포인트 |

1. 당신에게 불친절했던 사람들에게 친절을 베풀기로 다짐해 보세요.

2. 용서해야 한다고 생각하는 사람들, 혹은 아직도 힘들지만 그럼에도 용서해 보기로 작정한 사람들의 이름을 적어 보세요.

3. 하나님과 당신의 관계를 가로막고 있는 것이 있는지, 자신에게 잠잠히 물어보세요. 무엇이 있는지 목록을 작성해 보고, 용서를 구하며 회개의 기도를 드려 봅시다.

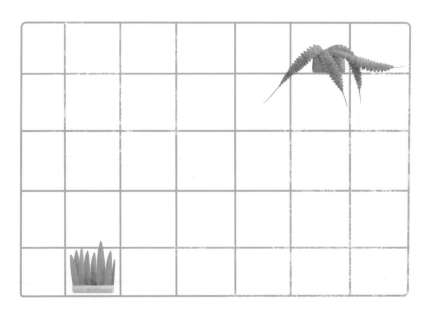

WEEK **7**

| 제7주 |

형통하고 행복한
삶을 살아갑시다

| 하루 말씀 |

■ **첫째 날: 시편 1-3장**

■ 둘째 날: 레위기 16-19장

■ 셋째 날: 레위기 20-23장

■ 넷째 날: 시편 4-6장

■ 다섯째 날: 레위기 24-27장

■ 여섯째 날: 시편 7-10장

■ 일곱째 날: 놓친 말씀 따라잡기

하나님의 목적은 우리가 무엇이든 될 수 있고, 뜻을 따라 일하며, 주신 바를 넉넉히 누리게 하는 것이라고 믿습니다. 또한, 하나님의 소망은 우리가 단순히 '살아남는 것' 이상을 해내는 것이라고 믿습니다. 요한은 요한삼서 1장 2절에서, "사랑하는 자여 네 영혼이 잘됨 같이 네가 범사에 잘되고 강건하기를 내가 간구하노라"라고 기록하고 있습니다. 하나님께서는 우리가 잘되기를 바라십니다. 그렇다면 '잘된다'라는 건 무엇을 의미하는 것일까요? 재정이 넉넉하고 사업이 번창하거나, 또는 신체가 건강하여 튼튼함을 의미할 수도 있습니다. 물론 이 또한 우리의 삶을 향한 하나님의 뜻이라는 것을 제 마음과 정성을 다해 믿어 의심치 않습니다.

시편 1편에서 기자는 우리가 하나님의 축복에 온전히 거하려면 무엇을 해야 하는지, 또 해서는 안 되는지 알려 줍니다. 1절 말씀은 '복 있는 사람은'으로 시작합니다. 다른 말로 하면, '기쁨이 충만한 사람은'이나 '큰 은혜를 받은 사람은', 혹은 '잘되고 형통한 사람은'입니다. 기자는 '복 있는 왕은'이나 '복 있는 부자는'이라거나, 또는 '복 있는 고학력자는'이라고 기록하지 않았습니다. 따라서 복 있는 '사람'이라는 말씀은 하나님의 축복이 특정인이 아니라, 모든 사람에게 공평하다는 진리를 단번에 알 수 있게 해 줍니다. 당신의 신분은 중요하지 않습니다. 당신의 지위도 의미가 없습니다. 당신이 마땅히 행할 바를 행하면, '복 있는 사람'의 길로 들어설 것입니다.

그렇다면 당신이 마땅히 행할 바는 무엇인가요? 시편 1편 1절에 복 있는 사람은 악인들의 꾀를 따르지 아니하며 죄인들의 길에 서지 아니하며 오만한 자들의 자리에 앉지 아니한다고 기록되어 있습니다. 복 있는 사람이 되고 싶다면, 당신이 누구의 꾀를 따르며 어떤 길에 서 있는지를 살피고, 어느 자리에 앉아 있는지 주목해 보며, 그때 당신이 옳은 편을 택하는지 유심히 지켜볼 필요가 있습니다. 2절은 오직 여호와의 율법을 즐거워하여, 그의 율법을 주야로 묵상하는 사람을 '복 있는 사람'으로 기록하고 있습니다.

　시편 1편 1절에서 2절의 말씀대로 행한 사람은 결국 3절 말씀처럼, 시냇가에 심은 나무가 될 것입니다. 나무에 비유해 봅시다. 땅에 뿌리를 곧고 깊게 내린 나무는 아무리 심한 폭풍이 몰아치고 강풍이 불어도 절대 뽑히지 않습니다. 물론 나뭇잎들은 일부 흩날려 떨어져 나가겠지만, 뿌리는 여전히 땅에 깊숙이, 단단히 박혀 있습니다. 우리도 그런 나무와 같아야 합니다. 하나님과의 친밀한 관계 속에 깊숙이, 또 단단히 뿌리를 내려야 하는 것이죠. 우리는 그제야 비로소 진정으로 잘되고 복 있는 사람이 될 수 있습니다.

| 묵상 포인트 |

1. 당신이 생각하는 '형통함'은 무엇인가요?

_____

_____

_____

_____

2. 자신을 스스로 '형통하고 잘되는 나'라고 생각하나요? 그 이유는 무엇인가요? 만약 아니라고 생각한다면, 왜 그렇게 생각하나요?

_____

_____

_____

_____

3. 형통한 삶을 바라는 사람에게, 당신은 어떤 조언을 해 줄 수 있을까요?

_____

_____

_____

_____

| 나를 위한 기도 |

 사랑하는 하나님, 제가 오직 하나님 안에서 형통하고 평안할 수 있도록 도와주세요. 하나님의 은혜로 기쁨과 행복이 날마다 충만하게 하시고, 그 기쁨과 행복을 주변에 넉넉히 나누는 자 되길 원합니다. 저를 시냇가에 심은 나무와 같이 되게 하시고, 어떠한 역경 속에서도 그 자리를 굳건히 지켜 낼 수 있게 해 주세요. 아멘.

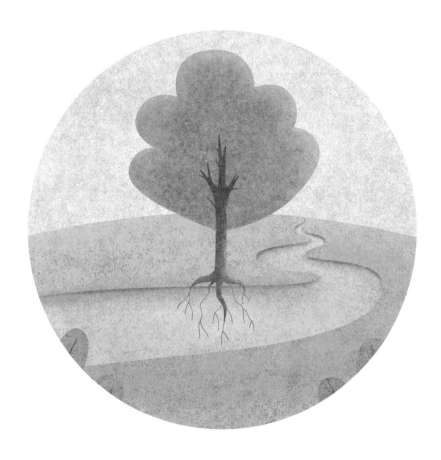

WEEK **8**

| 제8주 |

축복의 말씀을 전합시다

| 하루 말씀 |

- 첫째 날: 민수기 1-4장
- **둘째 날: 민수기 5-6장**
- 셋째 날: 잠언 1-3장
- 넷째 날: 민수기 7-9장
- 다섯째 날: 민수기 10-13장
- 여섯째 날: 잠언 4-7장
- 일곱째 날: 놓친 말씀 따라잡기

제 삶은 평생 교회 생활을 하며 보냈다고 해도 과언이 아닙니다. 그래서 축도(축복 기도)로 예배를 마무리한다는 것은 어릴 적부터 알고 있었죠. 물론 어렸을 때는 축도라는 단어의 뜻조차 몰랐지만, 어쨌든 목사님께서 축도를 마치시기 전에 예배당을 나가면 안 된다고는 알고 있었습니다. 그러나 점차 나이가 들고 교회에 대한 지식이 쌓이면서, 우리는 어릴 적 배웠던 원칙들을 하나둘씩 거스르는 모습을 보입니다. 운전을 할 수 있게 되자, 저는 제가 원하는 시간에 교회를 오거나 떠나곤 했습니다. 때로는 예배가 끝나기도 전에 서둘러 예배당을 나온 적도 있고요. 그냥 그래도 되니까, 혹은 직장에 볼일이 있다거나 주차장에 인파가 몰리면 차 빼느라 고역일 테니까 등의 이유로 일찌감치 빠져나왔던 것이죠. 그러나 성도를 향한 하나님의 축복이 바로 '축도'라는 사실을 깨닫게 되면서, 저는 예배가 끝날 때까지 자리를 지키기 시작했습니다. 축도는 예배에서도 아주 특별한 시간이기 때문입니다.

하나님께서 직접 명하신 이 축복 원칙은 아론과 그의 아들들을 위해 모세에게 말씀하여 일러 주신 것입니다. 민수기 6장 23절에서 26절에는, 특별히 아론과 그의 아들들이 이스라엘 자손을 위하여 어떻게 기도하고 축복해야 하는지 기록되어 있습니다. 24절 말씀은 이렇게 시작합니다. "여호와는 네게 복을 주시고 너를 지키시기를 원하며". 하나님께서는 사랑하는 백성에게 그의 얼굴을 비추시고 눈동자와 같이 지켜 주십니다. 은혜 베풀기를 원하시며, 한없는 자비와 사랑을 보이십니다. 그 얼굴을 그의 백성에게로 향하셔서 평강을 주시는 분이 바로 우리 하나님이십니다. 이 자체만으로도 어마어마한 은혜이자 축복이죠.

  이런 축복 기도는 제 삶을 너무나 아름답고 의미 있게 변화시켜 주었습니다. 삶에 선포된 하나님의 축복이 얼마나 아름답던지요. 이번 주에는 당신의 삶은 물론 자녀와 배우자, 또 친척과 친구들의 삶을 이 은혜의 말씀으로 축복해 보시기 바랍니다. 자녀가 등교하러 집을 나설 때, 이 축복의 말씀을 선언해 보세요. 배우자가 출근하거나 출장을 갈 때도 이 말씀으로 축복하고 보내 주시고요. 학기가 시작하면서 기숙사로 돌아가야 하는 자녀가 있다면, 이 축복의 말씀을 선포하고 보내 주세요. 또한, 가족 모임을 마치고 뿔뿔이 흩어지기 전에, 먼저 이 말씀으로 모두를 축복하고 떠나보내 주세요. 하나님의 축복을 입은 당신이, 그들도 언제, 어디서나 축복받고 안전하며 평안하기를 누구보다 바라고 원하니까요.

| 묵상 포인트 |

1. '축도'의 의미를 알고 있었나요? 당신이 생각하는 '축도'란 무엇이었고(과거), 또 새로 알게 된 점(현재)은 무엇인가요?

_____

_____

_____

_____

2. 자녀와 가족, 친구를 위해 기도할 때, 당신은 소리 내어 통성 기도를 주로 하는 편인 가요? 그렇다면 그 이유는 무엇인가요? 또 아니라면, 그 이유는 무엇인가요?

_____

_____

_____

_____

3. 이번 주 본문 말씀에 하나님의 축복을 선포해 주어야 할 사람들의 예를 몇 가지 들었습니다. 그 외에 또 생각나는 사람이 있나요?

_____

_____

_____

_____

| 적용 포인트 |

1. 당신의 자녀 또는 당신이 사랑하는 사람들에게 축복의 말씀(민 6:24-26)을 선포해 주세요.

2. '축복의 말씀'의 의미, 그리고 축복이 인생에 꼭 필요하다는 진리를 자녀 또는 아직 의미를 모르는 누군가에게 가르치기 시작하세요.

3. 이번 주에 만난 사람들에게 축복의 말씀으로 축복해 주세요.

WEEK **9**

| 제9주 |

잠시 늦춰질 뿐,
멈춘 것은 아닙니다

| 하루 말씀 |

■ **첫째 날: 민수기 14-16장**

■ 둘째 날: 민수기 17-19장

■ 셋째 날: 민수기 20-22장

■ 넷째 날: 잠언 8-11장

■ 다섯째 날: 민수기 23-26장

■ 여섯째 날: 잠언 12-14장

■ 일곱째 날: 놓친 말씀 따라잡기

제가 텍사스에서 비행기를 타고 노스캐롤라이나를 향해 가던 때의 일입니다. 비행 도중에 갑자기 도착지가 바뀌더니 사우스캐롤라이나에 착륙하게 되었습니다. 승객을 태운 비행기는 몇 시간을 활주로 한가운데에 꼼짝없이 멈춰 있었고, 환승편 비행기를 놓치게 된 탑승객들은 불평을 늘어놓았습니다. 긴 여정 탓에 녹초가 된 승객들도 어서 집에 가고 싶다며 불만을 토로했죠. 결국, 저 역시도 투덜대기 시작했습니다. 기다려 주셔서 감사하다며, 곧 목적지로 향할 거라는 조종사의 안내 방송도 승객들에게는 공허한 약속으로밖에 들리지 않았습니다.

그러나 당시 승객들은 전혀 알지 못했습니다. 그 모든 일의 배후에는 폭풍우와 사투를 벌인 조종사의 노고가 숨어 있었다는 사실을 말이죠. 폭풍을 피해 멀리 돌아가느라, 조종사는 비행기를 공중에 더 오래 머물게 했습니다. 그 탓에 연료가 바닥이 났고, 목적지까지 가려면 연료를 다시 채워야만 했던 것이죠. 우리를 목적지까지 안전하게 데려가고자 필요한 조치를 취하고 있던 기장님의 수고도 모른 채, 승객들은 모든 불평불만을 쏟아 놓고 있었던 것입니다.

당시의 이 사건은 저에게 민수기 14장 말씀을 떠올리게 합니다. 이스라엘 자손이 젖과 꿀이 흐르는 약속의 땅을 목전에 두고도 가지 못했던 상황 말이죠. 이스라엘은 가나안으로 가는 빠른 길을 놓쳐 버렸습니다. 하나님께서는 이스라엘 자손을 약속의 땅에 곧장 들이지 않으셨죠. 14장에서 이스라엘 자손은 그 진로에서 돌이켜, 홍해 길을 따라 광야로 들

어가라는 명령을 받았습니다. 즉 멀리 길을 돌아가게 하신 것이죠. 결국 이스라엘 자손은 광야에서 40년간 정처 없이 방황하게 되었습니다.

이스라엘 자손이 겪은 광야 생활에는 분명한 목적이 있었습니다. 훗날 약속의 땅에 들어간 이스라엘 자손이, 하나님의 백성답게 살아가도록 훈련하고 준비시킬 목적이었죠. 또한, 반역의 죄를 지었던 출애굽 세대는 광야에서 엎드러져 죽었고, 바로 그 광야에서 새로운 세대가 태어났습니다. 하나님께서는 이스라엘 자손을 애굽에서 인도해 내시는 데 40년이 걸리지 않았습니다. 오히려 이스라엘 자손에게서 '애굽'을 쫓아내는 데 40년이 걸렸습니다. 약속의 땅으로 들어가는 시기는 미루어졌지만, 하나님은 이스라엘 자손을 마침내 그 땅으로 인도해 들이셨습니다.

우리는 하나님께 따져 묻고, 심지어 불만을 내뱉기도 합니다. 혼자만 뒤처져 있고, 때로는 내팽개쳐진 기분이 들기 때문이죠. 우리 대다수는 지금보다 훨씬 더 앞서가야 한다고 생각합니다. 제가 저 자신을 격려했듯이, 당신에게도 격려를 보냅니다. 조금만 더 버텨 주세요. 만사가 당신의 뜻대로 흘러가지 않을 수도 있습니다. 그러나 그 뜻을 이루는 길로, 당신은 변함없이 흘러가고 있습니다. 만약 제가 탔던 비행기에 당신이 타고 있었다면, 아마 똑같이 불만스러웠을 것입니다. 영문도 모른 채 한참을 기다려야 했을 테니까요. 그러나 이것만은 꼭 기억하세요. 시간은 지체되었을지언정, 그곳이 종착지는 아니었다는 사실을 말이죠.

| 묵상 포인트 |

1. 남들보다 뒤처졌다고 느껴지는 부분이 있나요? 그렇게 느끼는 이유는 무엇인가요?

_____

_____

_____

_____

2. 지체되고 늦추어진 상황에서, 당신은 주로 어떻게 행동하는 편인가요?

_____

_____

_____

_____

3. 당신이 민수기 14장의 상황에 있다고 가정해 봅시다. 당신은 갈렙과 여호수아처럼 그 땅을 취하자는 의견에 동의했을까요, 아니면 나머지 열 명의 정탐꾼의 의견에 동조했을까요? 어느 쪽이든 이유를 말해 보세요.

_____

_____

_____

_____

| 나를 위한 기도 |

사랑하는 하나님, 더디고 느린 시간에도 순종하며 따를 수 있게 도와주세요. 인내하며 기다리게 해 주시고, 저를 향한 하나님의 뜻은 평안이지 재앙이 아니며, 미래와 희망을 주는 것임을 믿음으로 붙들게 해 주세요. 이 기다림의 시간에 주님의 지혜를 간구합니다. 좌로나 우로나 치우치지 않고, 믿음의 주요 또 온전하게 하시는 이인 예수를 바라보게 해 주세요. 아멘.

WEEK 10

| 제10주 |

그저 그릇일 뿐입니다

예로부터 여성을 "연약한 그릇(벧전 3:7)"이라고 부르는 경우가 많았습니다. 이 말을 부정적으로 받아들일 수도 있지만, 여기서 '그릇'은 그저 '신체'를 의미할 뿐입니다. 다시 말해, 여성은 연약한 신체를 가지고 있다는 뜻이죠. 사실 틀린 말은 아니라고 생각해요. 저는 연약한 그릇으로 불리더라도 전혀 개의치 않습니다. 그 표현이 저의 지성이나 정신력과는 전혀 무관하고, 또한 소속 단체의 관리자로서, 혹은 교사로서 제 소임을 다하는 데도 아무 관계가 없기 때문이죠. 저의 신체는 연약할지 모르지만, 그 외에 제가 지니고 있는 강점은 훨씬 더 많으니까요. 용기나 통을 뜻하는 그릇은 무언가를 담거나 담긴 내용물을 다른 그릇으로 부을 때 사용합니다. 즉 그릇은 내부가 텅 비어 있어, 무언가를 채울 수 있게 만들어진 것입니다. 자매님들, 우리 여성은 그 내부에 담긴 것이 흘러나와, 대세의 흐름을 변화시키도록 만들어진 그릇과도 같습니다. 우리는 연약한 그릇일 수 있지만, 변화를 불러일으키기에 충분한 능력을 가지고 있습니다.

그릇의 비유는 내적인 강인함을 보여 준 어떤 자매들을 생각나게 합니다(민 27). 슬로브핫이 죽자 슬로브핫의 딸들이 모세와 제사장에게 나아와서, 아버지의 기업을 자기들에게 달라고 간청했습니다. 딸들은 아버지에게 단지 아들이 없다는 이유로, 아버지의 이름이 종족 중에서 삭제되어서는 안 된다고 항변했죠. 슬로브핫의 딸들은 처한 위치와 주어진 상황에 안주하지 않았습니다. 불합리해 보이는 전통에 편승하지 않았습니다. 계속해서 딸들은 변화를 요구했습니다.

마침내 딸들은 아버지의 기업을 받아 냈습니다(민 27:7-10). 그리고 하나님께서는 모세에게 이렇게 말씀하셨습니다. "슬로브핫 딸들의 말이 옳으니 너는 반드시 그들의 아버지의 형제 중에서 그들에게 기업을 주어 받게 하되 그들의 아버지의 기업을 그들에게 돌릴지니라"(민 27:7). 슬로브핫 딸들의 대범한 행동은 그들에게는 물론 같은 처지에 있던 다른 딸들에게도 유익이 되었습니다. 그들은 연약한 그릇인 여성들이었지만, 누구보다 가장 앞장서서 불합리한 관례를 바꾼 개척자이기도 했습니다.

안타깝지만, 아직도 겉모습만 보고 판단하는 사람들이 많습니다. 그들은 여성의 내면을 보지 않습니다. 그래서 그릇 안에 어떤 가능성이 담겨 있는지조차 볼 수 없죠. 우리는 단순히 '여성'이 아니라, 길을 닦는 여성입니다. 또한, 우리는 변화를 일으키고자 노력합니다. 당신은 무력하지도, 역량이 부족하지도 않습니다. 오히려 당신은 굳세고 강한 승리자이자, 하나님께서 당신을 위해 예비하신 온갖 좋은 은사와 온전한 선물을 받을 자격이 충분한 사람입니다. 그러므로 하나님께서 창조하신 나, 당신, 그리고 여성으로서, 그 힘을 발휘해 봅시다.

| 묵상 포인트 |

1. 스스로 돌아봤을 때, 자신을 과소평가하게 만드는 요인은 무엇인가요?

_____

_____

_____

_____

2. 타인이 당신을 과소평가하는 이유가 혹시 '여자이기 때문에'라고 생각하나요?

_____

_____

_____

_____

3. 타인에게 유익을 주기 위해, 당신이 변화시킬 수 있는 관례나 관습, 규칙은 무엇일까요?

_____

_____

_____

_____

| 나를 위한 기도 |

사랑하는 하나님, 저를 하나님께서 창조하신 그릇으로, 하나님의 목적을 따라 사용해 주세요. 하나님께서 저에게 주신 것은 두려워하는 마음이 아니요 오직 능력과 사랑과 절제하는 마음이니, 저의 모든 두려움은 물러가기를 소원합니다. 제 안에 채워진 하나님의 은혜로, 또한 마주치는 사람들에게 선한 영향력을 끼칠 수 있도록 도와주세요. 하나님을 기쁘시게 하는 자, 그리고 이 땅에 변화를 가져오는 자가 되기를 간구합니다. 아멘.

WEEK 11

| 제11주 |

짐을 진다는 것

| 하루 말씀 |

- **첫째 날: 신명기 1-4장**
- 둘째 날: 신명기 5-8장
- 셋째 날: 시편 11-14장
- 넷째 날: 신명기 9-11장
- 다섯째 날: 신명기 12-15장
- 여섯째 날: 시편 15-17장
- 일곱째 날: 놓친 말씀 따라잡기

과도기는 더 나은 방향으로 나아가는 도약의 기회일 수 있습니다. 그러나 이 불안정한 시기를 틈타 항상 반대자가 기세를 떨치기 때문에, 당신은 반드시 확고한 목적의식을 갖고 그 변화의 시기를 이끌어 가야 합니다. 바로 이때, 당신은 자신의 강함과 기도 생활의 위력을 깨닫게 됩니다. 신명기 1장에서 모세는 이제껏 지나온 여정을 이스라엘 자손에게 선포하며, 지난 역경의 시간을 다시금 떠올리게 합니다. 광야를 지나며 겪었던 수많은 우여곡절을 조목조목 짚어 가며, 이스라엘 자손이 어디에서 나와서 어디로 가고 있는지 분명히 인지하게 해 주죠. 그러나 그것만이 모세의 의도였을까요? 아닙니다. 지난날을 되짚어 보며, 모세 본인도 자신의 과도기적 상황을 받아들이고자 애쓰는 중입니다.

하나님께서는 모세에게 "너희가 호렙산에서 거주한 지 오래"라고 말씀하셨습니다. 모세는 이 말씀을 이스라엘 자손에게 알리며, 이제 우리가 다시 움직일 때라고 이야기합니다. 하나님께서는 그들이 나아가야 할 행로를 친히 일러 주셨습니다. 이에 더해, 너희의 조상 아브라함과 이삭과 야곱에게 맹세하여 그들과 그들의 후손에게 주리라 한 땅이 너희 앞에 있으니 들어가서 그 땅을 차지하라고도 말씀하셨죠. 그때 모세는 자신의 속마음을 정직하게 토로합니다. 모세는 하나님께서 너희를 번성하게 하시어 너희가 오늘날 하늘의 별 같이 많거니와 이전보다 천 배나 많게 하셨으므로 나 홀로 너희의 짐을 질 수 없다며, 자신의 난처한 입장을 솔직히 밝힙니다. "그런즉 나 홀로 어찌 능히 너희의 괴로운 일과 너희의 힘겨운 일과 너희의 다투는 일을 담당할 수 있으랴"(신 1:12). 그리하여 모세는 하나님께서 명령하신 대로, 각 지파에서 "지혜와 지식이 있는 인정 받는 자들"(신 1:13)을 택하여 수령으로 삼고 역할을 나누어 맡겼습니다.

먼저 모세는 짐을 나누어 들 사람을 세우는 것이 이런 변화의 시기에 무엇보다 중요하다는 사실을 알았습니다. 이 거대한 무리가 이동할 때는 그 상황 자체가 혼란과 무질서이자, 또 통솔하는 데 따르는 고통과 어려움이 있기 때문입니다. 당신이 지도자 혹은 인도자라면, 때로는 공동체의 어려움이 당신의 어려움으로, 그 집단의 고난이 당신의 고난으로 다가오기도 할 것입니다. 당신이 그들의 문제를 해결해 주고 있습니다. 당신이 그 해결책을 마련합니다. 그러나 그게 진정한 의미에서 그들의 의무나 책임을 덜어 주는 것일까요?

각자의 문제는 각자가 스스로 책임질 수 있도록, 당신은 손을 뗄 필요가 있습니다. 특히 새로운 시대로 나아가는 과도기에는 더욱더 말이죠. 그렇습니다. 우리는 지체가 연약할 때 그들에게 보탬이 되고, 함께 짐을 지라고 배웠습니다. 그러나 우리는 그 모든 짐을 우리가 다 짊어지도록 창조되지 않았습니다. 갈라디아서 6장 5절 말씀처럼, 각각 자기의 짐을 져야 할 것입니다. 당신은 오히려 다른 사람을 구제하는 데 익숙

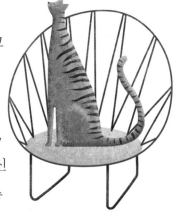

하며, 또한 그들을 있는 힘껏 돕고 싶을 수도 있습니다. 그러나 그것이 누군가의 영적인 성장을 가로막는 일이라면, 한발 물러나야 합니다. 그 대신 그들을 격려하고 힘을 주며, 칭찬해 줍시다. 자신이 마주한 변화의 한복판에서, 자신의 짐을 넉넉히 질 수 있도록 말이죠.

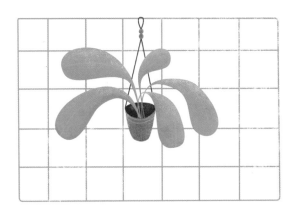

| 묵상 포인트 |

1. 당신은 '해결사'입니까, 아니면 '조력자'입니까? 왜 그렇게 생각하나요?

_____

_____

_____

_____

2. 엄마, 지도자, 혹은 자매로서, 우리는 남을 도와주는 일에 발 벗고 나서는 경향이 있습니다. 혹시 그들이 먼저 고민하고 생각해 볼 겨를도 없이, 당신이 먼저 나서서 참견했던 적이 있나요? 그 결과는 어땠나요?

_____

_____

_____

_____

3. 당신은 현재 한 단계 발전하는 변화의 시기를 보내는 중인가요? 지금까지 그 과정은 어땠나요?

_____

_____

_____

_____

| 적용 포인트 |

1. 도움이 필요해 보이는 사람의 목록을 작성해 보고, 당신이 어느 선까지 도와주어야 하는지 생각해 보세요. 정확히 어느 정도까지 지원해 주어야 할지도 적어 보세요.

2. 당신이 작든 크든 삶에서 과도기를 겪고 있다면, 이 시기를 성공적으로 보내기 위해 꼭 필요한 단계를 나열해 보세요. 목표를 이루는 데 도움이 되도록 주간이나 월간, 혹은 연간 계획표도 짜 봅시다.

WEEK **12**

| 제12주 |

복과 저주의 갈림길에서

| 하루 말씀 |

- 첫째 날: 신명기 16-18장
- 둘째 날: 신명기 19-21장
- 셋째 날: 시편 18-21장
- 넷째 날: 신명기 22-25장
- **다섯째 날: 신명기 26-28장**
- 여섯째 날: 시편 22-25장
- 일곱째 날: 놓친 말씀 따라잡기

우리는 신명기 28장에서, 모세가 이스라엘 백성에게 두 가지 선택지를 제시하는 모습을 볼 수 있습니다. 이스라엘 자손과 언약을 맺으신 하나님께서는 그들에게 두 가지 선택권, 즉 복을 받거나 저주를 받는 선택권을 주십니다. 둘 중에 하나를 골라야 한다면, 당연히 누구나 복을 받는 쪽을 택할 것입니다. 어느 누가 저주받기를 바랄까요? 그러나 스스로 잠잠히 물어봅시다. '나는 복을 받는 자리로 자진하여 나아간 적이 있었던가?'라고 말이죠.

하나님의 말씀이 모세에게 임했고, 모세는 이를 이스라엘 자손에게 선포합니다. 이스라엘 자손이 여호와 하나님의 말씀을 삼가 듣고 그 말씀을 청종하면, 모든 복이 너희에게 임할 거라는 약속의 말씀이었죠. 많은 사람이 매주 하나님의 말씀을 보고 듣습니다. 그러나 그 말씀 중에, 우리는 단 한 가지라도 제대로 지키며 살고 있나요? 그 말씀 가운데 단 하나라도 진정한 생명의 말씀으로 붙들고 있나요?

당신은 어떨지 모르겠지만, 제 삶은 더는 이제 빙 돌아갈 여유가 없습니다. 시간을 허비해서도 안 되고, 더는 실수를 저질러서도 안 됩니다. 정확한 방향을 알고 그곳을 향해 나아가야 하고요. 그러려면 저는 그 무엇보다 하나님의 뜻 안에 거해야 합니다. 당신도 저와 같은 입장일 수 있겠죠. 정확한 방향이 필요합니다. 혼란에 빠지고 싶지 않기에, 구체적인 방향과 행동 지침도 알아야 합니다. 그러나 거기에서 그치면 안 됩니다. 당신이 하나님의 복을 받고자 한다면, 하나님의 말씀을 듣고 그 말씀을 분별하는 법을 배워야 합니다.

결코 말씀을 듣는 것으로 그쳐서는 안 됩니다. 그 말씀대로 행해야 합니다. 말씀을 듣는 것과 들은 대로 행하는 것은 전혀 다른 문제입니다. 때로 우리는 바로 이 지점에서 일을 그르칩니다. 말씀을 듣고는 그것으로 끝냅니다. 매주 열심히 말씀은 듣지만, 그 말씀을 좇아 살지는 않습니다. 거기에서 순종이 시작되어야 합니다.

하나님의 말씀대로 행한 적이 있나요? 이제 당신에게 달려 있습니다. 당신이 선택할 차례죠. 복을 받기를 원하나요? 순종이 허다한 제사보다 낫습니다.

| 묵상 포인트 |

1. 말씀을 듣는 자리로 나가 본 적이 있나요? 말씀을 듣고 들은 대로 행하나요? 들은 대로 행하기 어려웠던 적이 있었나요? 그렇다면 왜 어려웠나요?

_____

_____

_____

_____

2. 당신 스스로 축복보다는 저주를 받았다고 생각했던 적이 있나요? 그 생각을 어떻게 뒤바꿀 수 있었나요?

_____

_____

_____

_____

| 적용 포인트 |

1. 지금까지 당신이 받은 복을 떠올리며, 목록을 작성해 보세요. 하루에 하나씩, 복 주신 하나님께 감사 기도를 드립시다.

2. 말씀대로 행하려 했으나 실패했던 경우들을 적어 보세요. 이번 주에는 다시 실천에 옮겨 보고, 성공할 때마다 목록에서 하나씩 지워나가세요.

WEEK **13**

| 제13주 |

나의 요단강을 건너갑시다

| 하루 말씀 |

- 첫째 날: 신명기 29-31장
- 둘째 날: 신명기 32-34장
- **셋째 날: 여호수아 1-4장**
- 넷째 날: 여호수아 5-8장
- 다섯째 날: 여호수아 9-12장
- 여섯째 날: 여호수아 13-16장
- 일곱째 날: 놓친 말씀 따라잡기

여호수아서 3장은 여호수아와 이스라엘 자손이 어떻게 요단강을 건넜는지 기록하고 있습니다. 이들의 조상은 애굽 왕 바로의 압제에서 벗어나 출애굽을 직접 경험한 세대였습니다. 홍해를 마른 땅처럼 건너기도 했었죠. 그 후 40년간 광야를 떠돌다가 모두 죽었고, 이제 이스라엘의 새로운 세대가 약속의 땅을 눈앞에 두고 있습니다. 그러나 마지막 장애물이 그 앞을 가로막고 있습니다. 바로 요단강입니다. 길이 320km인 강이 앞에 넘실거리는 암담한 현실에 직면해 있습니다. 당시 요단강은 추수기에 내린 비로 강물이 한창 불어나 넘쳐흐르고 있었습니다. 이스라엘 자손은 요단강 강가에 사흘간 진을 쳤습니다. 그사이 강을 어떻게 건널지 방법을 찾아보았을 것입니다. 꼼짝없이 길이 막혔으니까요.

당신은 어쩌면 오기로 되어 있는 장소는 아니었지만, 어쩌다 오게 된 장소에서 이러지도 저러지도 못하는 상황에 놓여 있을 수 있습니다. 바로 당신만의 요단강이라는 상황에 말이죠. 당신의 요단강은 재정적인 부담이나 정신적인 문제, 혹은 감정적인 결핍, 심지어 영적인 곤고일 수도 있습니다. 어떤 경우이건 간에, 당신은 원하지 않는 상황에 놓인 자신을 발견했습니다. 그러나 미리 걱정할 필요는 없습니다. 우리는 모두 인생에서 한 번쯤, 그런 상황을 다 겪어 보았기 때문이죠. 우리가 구원받고 은사와 온전한 선물을 가졌다고 해서, 곤경에 빠지지 않는 것은 아닙니다. 다만 거기에 주저앉지는 않을 뿐이죠.

여호수아에게 하나님의 말씀이 임했고, 여호수아는 그 말씀대로 따랐습니다. 하나님께서는 언약궤를 멘 제사장들이 행할 바를 여호수아에게 알려 주셨죠. "제사장들이 요단 물가에 이르거든 요단에 들어서라 하라 …… 온 땅의 주 여호와의 궤를 멘 제사장들의 발바닥이 요단 물을 밟고 멈추면 요단 물 곧 위에서부터 흘러내리던 물이 끊어지고 한 곳에 쌓여 서리라"(수 3:8-13). 제사장들은 이 명령을 그대로 따랐고, 하나님의 기적을 경험했습니다. "여호와의 언약궤를 멘 제사장들은 요단 가운데 마른 땅에 굳게 섰고 그 모든 백성이 요단을 건너기를 마칠 때까지 모든 이스라엘은 그 마른 땅으로 건너갔더라"(수 3:17).

우리는 모두 자신만의 강을 만날 때마다, 하나님의 명확한 지시를 구할 필요가 있습니다. 여호수아와 이스라엘 자손처럼 하나님의 방법과 도우심을 간구해야 합니다. 하나님께서 가라고 말씀하시면, 우리는 가야 합니다. 하나님께서 전하라고 하시면, 우리는 용기를 끌어모아 하나님의 마음을 전해야 합니다. 하나님께서 멈추라고 하시면, 그대로 멈춰야 합니다. 하나님께서 분명히 말씀해 주실 때까지 말이죠. 우리 각자의 요단강을 건너려면, 무엇보다 하나님의 말씀에 순종하기를 최우선으로 삼아야 합니다.

당신은 어떨지 모르겠습니다. 그러나 저는 옴짝달싹 못 한 상황에 안주하여, 저에게 예비되어 있는, 또 주리라고 이미 약속하신 것조차 받지 못하는 그런 어리석은 짓은 하지 않을 것입니다.

| 묵상 포인트 |

1. 인생에서 길이 막히고 방법이 없다고 느꼈던 적이 있나요?

_____

_____

_____

_____

2. 막다른 길인 것 같은 상황을 어떻게 극복했나요? 의견이나 조언을 구했었나요?

_____

_____

_____

_____

3. 한 발자국도 나갈 수 없는 때에, 어떻게 다시 힘을 내어 움직이기 시작했나요? 꼼짝
할 수 없는 상황을 벗어나고자, 당신은 무엇을 했나요?

_____

_____

_____

_____

오직 강하고 극히 담대하여 나의 종 모세가 네게 명령한 그 율법을 다 지켜 행하고 우로나 좌로나 치우치지 말라 그리하면 어디로 가든지 형통하리니 이 율법책을 네 입에서 떠나지 말게 하며 주야로 그것을 묵상하여 그 안에 기록된 대로 다 지켜 행하라 그리하면 네 길이 평탄하게 될 것이며 네가 형통하리라 내가 네게 명령한 것이 아니냐 강하고 담대하라 두려워하지 말며 놀라지 말라 네가 어디로 가든지 네 하나님 여호와가 너와 함께 하느니라 하시니라(수 1:7-9).

WEEK 14

| 제14주 |

나는 승자입니다

| 하루 말씀 |

- 첫째 날: 여호수아 17-20장
- 둘째 날: 여호수아 21-24장
- 셋째 날: 잠언 15-17장
- 넷째 날: 사사기 1-3장
- 다섯째 날: 사사기 4-6상
- **여섯째 날: 사사기 7-10장**
- 일곱째 날: 놓친 말씀 따라잡기

사계절을 대표한다고도 볼 수 있는 미식축구, 농구, 그리고 야구는 온 국민이 열광하는 스포츠입니다. 그만큼 우리는 경쟁하는 문화에 익숙하다고도 볼 수 있죠. 응원하는 팀이 함께 작전을 잘 수행하고, 경기에 이기는 모습을 보고 싶어 합니다. 사실 알게 모르게, 우리는 모두 경기에 속해 있습니다. 바로 '인생'이라는 경기에 말이죠. 그리고 당연하게도 상대자, 즉 적수가 존재합니다. 우리가 이기고 가정이 화목하며, 결혼 생활이 순탄한 꼴은 절대 못 보는 그런 적수 말입니다. 우리가 사업에 성공하거나 행복하고 잘되기를 전혀 바라지 않죠. 우리는 삶을 살아가며 그러한 갈등과 대립에 자주 직면합니다. 그에 따라 승리와 패배를 번갈아 가며 반복하고요. 저는 결심했습니다. 이번만큼은 지지 않기로 말이죠.

사사기에는 하나님께서 대적을 치시고 기드온에게 승리를 안겨 주신 사건이 기록되어 있습니다. 사사기 6장에서 알 수 있듯이, 이스라엘 자손은 또 여호와의 목전에 악을 행하였고 여호와께서는 칠 년 동안 그들을 미디안의 손에 넘겨주셨습니다. 그러나 자비로우신 하나님께서 그들의 부르짖음을 들으셨습니다. 여호와의 사자를 기드온에게 보내셔서, 그에게 이스라엘을 미디안의 손에서 구원하라 명하셨죠. 기드온은 그 엄청난 임무를 감당할 자격이 없다고 생각했습니다. 가문은 므낫세 중에 극히 약하고, 자신도 아버지 집에서 가장 작은 자이기에, 미디안에 맞설 힘이 없다는 것이었습니다. 하나님께서 끈질기게 설득하자 기드온은 표징을 보여 달라 청했습니다. 물론 하나님께서는 그의 요청대로 해 주셨죠. 사실 하나님께서는 기드온에게 여러 가지 징표를 보여 주시며, 내가 반드시 너와 함께 하겠다는 약속을 거듭 증명하셨습니다. 기드온의 모습이 마치 우리의 모습 같습니다. 우리는 늘 하나님의 말씀을 불신하는 데 빠릅니다. 게다가 하나님께서 말씀대로 행하시고 이루실 거라는 확신이 들기까지, 몇 번이고 징표를 구합니다.

마침내 확신을 얻게 된 기드온은 미디안과 싸울 이스라엘 백성 삼만 이천 명을 데려왔습니다. 그러나 하나님께서는 삼백 명으로 너희를 구원하며 미디안을 네 손에 넘겨주리니 남은 백성은 각각 자기의 처소로 돌아가라고 말씀하셨죠(삿 7:7). 하나님은 그 약속을 지키셨습니다. 기드온의 삼백 용사가 미디안 군대와 싸워 큰 승리를 거두었습니다.

때로는 오직 하나님의 말씀에만 의지해야 할 때가 있습니다. 그것이 바로 믿음입니다. 히브리서 11장 1절은, "믿음은 바라는 것들의 실상이요 보이지 않는 것들의 증거니"라고 말씀하고 있습니다. 두 눈에 아무런 증거가 보이지 않아도, 하나님의 말씀을 신뢰해야 합니다. 비록 그 말씀이 이해되지 않더라도 말이죠. 하나님께서 이미 당신을 승자로 부르셨다면, 당신은 승자입니다. 하나님께서 당신을 성공한 사람이라고 하시면, 당신은 성공한 사람입니다. 표징이나 암호를 구할 것이 아니라, 하나님의 말씀을 기억하면 됩니다. 상황이 한없이 불리해 보일지라도, "만일 하나님이 우리를 위하시면 누가 우리를 대적하리요"(롬 8:31)라는 말씀을 항상 기억해야 합니다. 하나님의 은혜는 그 불리한 상황을 역전시키고, 결국 우리를 승자로 만듭니다.

| 묵상 포인트 |

1. 기드온 이야기에서, 하나님은 삼백 용사만 남기고 모든 백성을 집으로 돌려보냈습니다. 당신이라면, 그 상황에서 하나님의 명령을 신뢰했을까요?

_____

_____

_____

_____

2. 전적으로 하나님을 믿고 의지했더니, 모든 불리한 상황을 딛고 성공을 거두었던 경험이 있나요?

_____

_____

_____

_____

3. 사사기 7장 9절에서 11절 말씀에, 하나님께서는 기드온에게 적의 진영으로 내려가라고 지시하십니다. 왜 그런 지시를 내리셨고, 그 결과는 어땠나요?

_____

_____

_____

_____

　여호와께서 기드온에게 이르시되 내가 이 물을 핥아먹은 삼백 명으로 너희를 구원하며 미디안을 네 손에 넘겨주리니 남은 백성은 각각 자기의 처소로 돌아갈 것이니라 하시니 이에 백성이 양식과 나팔을 손에 든지라 기드온이 이스라엘 모든 백성을 각각 그의 장막으로 돌려보내고 그 삼백 명은 머물게 하니라 미디안 진영은 그 아래 골짜기 가운데에 있었더라 그 밤에 여호와께서 기드온에게 이르시되 일어나 진영으로 내려가라 내가 그것을 네 손에 넘겨 주었느니라(삿 7:7-9).

WEEK 15

| 제15주 |

여호와의 행적을
신뢰합시다

| 하루 말씀 |

- 첫째 날: 사사기 11-14장
- 둘째 날: 사사기 15-17장
- 셋째 날: 사사기 18-21장
- 넷째 날: 시편 26-29장
- **다섯째 날: 시편 30-33장**
- 여섯째 날: 시편 34-37장
- 일곱째 날: 놓친 말씀 따라잡기

시편 30편은 지난날을 회상하는 다윗의 시입니다. 다윗은 하나님의 인도하심에 감사하며 자신을 향한 하나님의 선하심을 떠올립니다. 하나님 앞에 자신은 의롭지 않았지만, 하나님은 늘 자비로우셨음을 기억합니다. 다윗이 만사에 형통해지자, 그는 조금씩 자신만만해졌고 점차 자기 소견에 옳은 대로 행하기 시작했습니다. 자신이 죄를 범했을 때는 마치 하나님께서 얼굴을 가리신 것 같았다고 고백합니다. 그러나 얼마 못 가 다시 그 얼굴을 향하여 드시는 분이 바로 하나님임을, 다윗은 5절 말씀처럼 찬양하고 있습니다. "그의 노염은 잠깐이요 그의 은총은 평생이로다 저녁에는 울음이 깃들일지라도 아침에는 기쁨이 오리로다". 바로 이런 점을 본받아야 합니다. 다윗은 비록 잘못을 범했더라도, 그를 향한 하나님의 충만한 은혜를 기억했습니다.

하나님께서 당신에게 부어 주신 은혜와 자비를 떠올려 봅시다. 우리의 연약함에도 불구하고 베풀어 주신 인자와 긍휼을 생각해 보면, 우리는 하나님께 감사하는 마음밖에 드릴 것이 없습니다. 은혜의 순간을 기억하기만 하면 됩니다. 그러면 앞으로 하나님께서 행하실 일에 대해, 당신은 늘 기대감을 품을 수 있습니다. 하나님은 이전에 베풀어 주셨던 은혜를 앞으로도 얼마든지 쏟아부어 주실 수 있는 분이기 때문입니다. 당신은 끝을 알 길 없는 상황에 빠져 힘겹게 씨름하고 있습니다. 그러나 과거에 그와 같은 상황을 이겨 낸 적이 있다면, 당신은 또다시 이겨 낼 수 있습니다. 하나님께서 취업이라는 은혜를 주셨다면, 얼마든지 또 주실 수 있습니다. 하나님은 한계가 없으신 분이니까요. 하나님은 당신에게 복을 한 번만 주겠다고 하지 않았습니다. 한 번만 고쳐 주겠다고 약속하지도 않았습니다. 당신을 위해 오직 한쪽 문만 열어 놓겠다고도 하지 않았습니다.

예수님께서는 모든 사람에게 구원을 주시려고 십자가를 지셨습니다. 이 땅에 구원받을 영혼이 여전히 많기에, 하나님의 구원 사역은 아직 끝나지 않았습니다. 하나님께서는 실제로 그 백성의 목숨을 건지시기도 합니다. 때로는 거대한 폭풍을 막아 우리를 지키셨고, 끔찍한 교통사고를 당했지만, 가족의 생명을 구해 주시기도 하셨죠. 물론 하나님은 이외에도 더 무수한 일을 하실 수 있는 분이라고 믿습니다. 한마디로 전능하신 하나님이시니까요!

하나님께서 이전에 행하신 일들을 믿음으로 붙들 수 있다면, 우리는 앞으로 다가올 미래도 기대하며 기다리게 될 것입니다. 다윗이 고백했던, "그의 노염은 잠깐이요 그의 은총은 평생이로다"라는 말씀처럼 말이죠. 비록 저는 매일 실수하지만, 하나님은 그 실수를 간과하시고 도리어 은혜를 베푸십니다. 날마다 감사입니다. 저는 범사에 감사하며 하나님과 동행하는 미래를 꿈꾸고, 하나님께서 앞으로 주실 축복을 기대합니다. 그러니 부디 하나님의 옛적 일을 기억하기를 바랍니다. 하나님은 당신에게 한 번만 복 주시는 분이 아닙니다. 그와 같은 복을 당신에게 두 번, 세 번, 혹은 수백 번도 더 주실 수 있는 분이 하나님입니다. 여호와의 행적을 신뢰합시다.

| 묵상 포인트 |

1. 하나님의 은혜를 받을 자격이 없다고 느꼈지만, 그럼에도 하나님께서 은혜를 베풀고 계신다고 느꼈던 때를 기억하나요?

_____

_____

_____

_____

2. 하나님께서는 당신을 불쌍히 여기시고 긍휼을 베푸셨습니다. 그러면, 당신은 다른 사람에게 어떻게 긍휼을 베풀어 주었나요?

_____

_____

_____

_____

3. 때로는 믿는 것이 가장 어려운 일일 수 있습니다. 하나님께서 앞으로 당신에게 행하실 거라고 도무지 믿어지지 않는 일은 무엇인가요?

_____

_____

_____

_____

| 적용 포인트 |

1. 잠시 시간을 내어, 하나님께서 당신에게 주신 복이 무엇인지 기억하며 적어 보세요.

2. 다음 주 초부터 매일, 당신이 받은 복에 감사하는 시간을 가져 보세요.

WEEK **16**

| 제16주 |

심정을 통한 기도,
우리도 시작합시다

| 하루 말씀 |

- 첫째 날: 룻기 1-4장
- **둘째 날: 사무엘상 1-3장**
- 셋째 날: 사무엘상 4-7장
- 넷째 날: 사무엘상 8-11장
- 다섯째 날: 사무엘상 12-14장
- 여섯째 날: 사무엘상 15-17장
- 일곱째 날: 놓친 말씀 따라잡기

 사무엘상 1장에는 큰 공허함에 빠진 한 여인이 등장합니다. 이 여인의 이름은 한나이며, 한나에게는 자식이 없었습니다. 여호와께서 그에게 임신하지 못하게 하셨기 때문이죠 (삼상 1:6). 그러나 잔인하게도, 남편의 다른 아내인 브닌나에게는 자식이 있었습니다. 그 당시 사회 풍조가 자식의 유무로 여성의 가치를 판단했다는 사실을 떠올려 볼 때, 한나는 자신을 얼마나 무가치하고 부족하며 쓸모없다고 생각했을지 짐작이 가고도 남습니다. 하나님께서 자신을 향해 품으신 뜻도 전혀 알 길이 없었고요. 한나는 오직 자신의 결핍과 무력함을 보게 되었습니다. 결국 정신적으로나 정서적으로 큰 어려움을 겪게 되었죠.

갈등과 압박 속에서, 한나는 음식을 입에 대지도 않았습니다. 남편 엘가나는 제물의 분깃을 갑절로 주면서 아내를 달랬지만, 그것은 한나가 원한 것도, 한나에게 필요한 것도 아니었습니다. 그렇다면 한나는 어떻게 했나요? 불평하지 않았고, 남편을 탓하지도 않았습니다. 질투심에 불타올라서 브닌나와 다툰 것도 아니었죠. 다만 여호와의 성전에 찾아가서 하나님께 기도하고 통곡했습니다.

때로 우리는 스스로 해결할 수 없는 어려움과 문제가 생기면, 사람들을 찾아가 토로하며 그들에게서 해답을 얻고자 할 때가 많습니다. 그러나 결국은 '그들의 의견'을 얻게 될 뿐입니다. 우리는 우리의 문제를 능히 해결하실 수 있는 한 분, 바로 하나님께 나아가 우리의 심중을 꺼내놓고 기도해야 합니다. 그것이 곧 한나가 취한 행동입니다. 골몰히 기도하던 한나를 지켜본 엘리 제사장은 한나가 취한 줄로 생각했습니다. 언제까지 취하여 있을 거냐며, 한나에게 포도주를 끊으라고까지 이야기했죠. 이에 한나가 엘리 제사장에게 대답했습니다. "내 주여 그렇지 아니하니이다 나는 마음이 슬픈 여자라 포도주나 독주를 마신 것이 아니요 여호와 앞에 내 심정을 통한 것뿐이오니"(삼상 1:15). 이 사실을 알게 된 엘리 제사장은 한나에게 평안히 가라며, 이스라엘의 하나님이 네가 기도하여 구한 것을 허락하시기를 원한다고 복을 빌어 주었습니다.

그 후에 한나는 집으로 돌아가서 음식을 먹고, 얼굴에 다시는 근심스러운 빛이 없게 되었습니다. 사무엘서를 끝까지 읽어 보면 아시겠지만, 결과적으로 한나는 아들 사무엘을 낳았습니다. 그것도 성경에 기록된 위대한 선지자 중에 한 사람을 낳은 것이죠. 그러나 한나는 임신하기도 전에, 먼저 하나님께 자신의 원통과 울분을 털어놓고 엘리에게도 속마음을 고했습니다.

우리는 우리 능력 밖의 일들을 붙들고 전전긍긍하는 경우가 많습니다. 그리고 그 일들을 자기의 능력이 없는 탓이라 여기며 좌절을 반복하다가, 결국 불안과 우울함이 극에 달할 정도로 내몰립니다. 이 모든 굴레에서 자유롭게 되는 길은 하나님께 당신의 심정을 털어놓는 것입니다. 당신이 끌어안은 고민과 걱정을 하나님께 정직하게 고하고, 믿음으로 맡겨 드립시다. 당신이 하나님의 도우심을 기다리는 동안, 어쩌면 하나님은 당신이 먼저 찾아와 그 앞에 부르짖기를 기다리고 계실지도 모릅니다.

| 묵상 포인트 |

1. 당신의 고민과 걱정거리는 무엇인가요? 그것들이 고민과 걱정을 주는 이유는 무엇인가요?

_____

_____

_____

_____

2. 당신은 스스로 통제할 수 없는 상황을 보통 어떻게 해결하나요?
(솔직해집시다!)

_____

_____

_____

_____

3. 한나가 고통 가운데 취한 행동을 떠올려 보고, 거기에 자기 모습을 비추어 보세요. 무엇을 깨닫게 되나요?

_____

_____

_____

_____

  그들이 아침에 일찍이 일어나 여호와 앞에 경배하고 돌아가 라마의 자기 집에 이르니라 엘가나가 그의 아내 한나와 동침하매 여호와께서 그를 생각하신지라 한나가 임신하고 때가 이르매 아들을 낳아 사무엘이라 이름하였으니 이는 내가 여호와께 그를 구하였다 함이더라(삼상 1:19-20).

| 제17주 |

언약궤를 옮기는 방법

| 하루 말씀 |

- 첫째 날: 사무엘상 18-21장
- 둘째 날: 사무엘상 22-25장
- 셋째 날: 사무엘상 26-29장
- 넷째 날: 사무엘상 30-31장
- 다섯째 날: 사무엘하 1-4장
- **여섯째 날: 사무엘하 5-8장**
- 일곱째 날: 놓친 말씀 따라잡기

사무엘하 5장에서, 블레셋 사람들은 다윗이 기름 부음을 받고 이스라엘의 왕이 되었다는 소식을 듣습니다. 그리고 다윗을 찾아 죽이려고 르바임 골짜기로 나아갔죠. 다윗은 자신의 목숨이 경각에 달렸음을 깨닫고도, 먼저 하나님께 그의 뜻을 여쭙니다. 하나님의 명령대로 빠짐없이 행한 다윗은 결국 블레셋 군대를 치고 승리를 거뒀습니다. 이스라엘의 왕으로서, 다윗은 행동에 앞서 하나님의 말씀을 들어야 한다고 확신했던 것이죠.

그렇게 블레셋 군대를 두 번 물리친 후, 다윗은 또 다른 난관에 봉착합니다. 블레셋에게 잠시 빼앗겼던 여호와의 궤를 다윗 자신이 있는 예루살렘의 다윗성으로 옮겨 가던 길이었습니다. 금박을 입힌 나무 상자인 언약궤는 성물로, 십계명을 새긴 두 돌판이 그 안에 들어 있습니다. 또한 언약궤를 다룰 때는 반드시 하나님께서 지시하신 방법대로 따라야 합니다. 그러나 궤를 옮기기 전에, 다윗은 먼저 하나님께 묻지 않았습니다. 단지 명령을 내려, 하나님의 궤를 새 수레에 싣고 아비나답의 집에서 내와서는, 아비나답의 아들 웃사와 아효에게 예루살렘까지 그 새 수레를 몰고 가도록 했죠. 다윗과 이스라엘 온 족속은 노래하며, 여러 가지 악기로 여호와 앞에서 연주하며 나아갔습니다. 그때 갑자기 소들이 날뛰기 시작했죠. 언약궤가 떨어지려 하자, 웃사가 손을 들어 궤를 붙들었습니다. 그 즉시 하나님께서 웃사를 치셨고, 그는 하나님의 궤 곁에서 죽었습니다.

무엇이 잘못되었나요? 이 사건의 관련자들은 자신들이 최선이라고 생각하는 대로 행동했습니다. 하나님의 말씀을 듣는 대신에 말이죠. 하나님께서는 언약궤 옮기는 규칙을 정확히 세워 놓으셨는데, 이들은 블레셋의 방식대로 궤를 수레에 실었던 것입니다. 이 방식은 다윗과 운반자들에게는 편할지 몰라도, 결코 하나님의 방법은 아니었습니다. 또한, 하나님께서는 언약궤를 멜 때는 고핫 자손만이 멜 것이라고, 이미 오래전에 명하셨습니다(민 4:15). 웃사는 떨어지는 궤를 붙드는 찰나에, 자신의 판단이 옳았다고 생각했을지도 모릅니다. 그러나 여호와의 진노의 삯은 결국 사망이었죠.

두 사건은 우리가 행동하기 전에 어째서 먼저 기도해야 하는지 극명하게 보여 줍니다. 잠언 3장 5절에서 6절은 이렇게 기록합니다. "너는 마음을 다하여 여호와를 신뢰하고 네 명철을 의지하지 말라 너는 범사에 그를 인정하라 그리하면 네 길을 지도하시리라". 하나님을 믿음으로 우리는 승리합니다. 다윗이 블레셋을 쳤던 것처럼 말이죠. 그러나 우리는 간혹 하나님의 방법을 잊어버리고, 그 대신에 편리한 방법으로 일하기 시작합니다.

오늘 말씀은, 우리가 하나님께 순종하는 것이 우리 주변인들, 즉 가족과 동료, 동역하는 사역자들에게도 얼마나 큰 영향을 미치는지를 명백하게 보여줍니다. 우리는 하나님의 말씀을 듣고, 그 말씀대로 행해야 합니다. 우리의 감정이나 생각에 근거를 두지 않고, '하나님께서 무엇을 명하셨는가'에 기초해야 하죠. 그리고 하나님께서 침묵하시는 것 같다면, 이전에 하나님께서 무엇을 말씀하셨는지 기억해 내야 합니다. 물론 그 '무엇'마저도 하나님의 방법이어야 하고요. 하나님의 방법은 영원부터 영원까지 온전하니까요.

| 묵상 포인트 |

1. 기도하기 전에, 바로 행동에 옮겼던 적이 있나요? 혹시 결과가 나쁘지는 않았나요?

_____

_____

_____

_____

2. 우리는 어째서 하나님의 방법을 구하기보다, 때로는 우리의 방식대로 해야 더 쉽고 편하다고 생각할까요?

_____

_____

_____

_____

3. 앞으로 크고 작은 결정에 앞서 어떻게 행동할 건가요?

_____

_____

_____

_____

| 나를 위한 기도 |

사랑하는 하나님, 모든 상황 속에서, 먼저 하나님을 찾도록 도와주세요. 저와 제 주변 사람들을 위해서, 하나님의 거룩하고 온전한 뜻 안에 거하기를 소망합니다. 오늘도 하나님의 얼굴을 구하고 하나님의 말씀을 들으며, 또한 하나님의 능하신 손에 이끌리기를 간구합니다. 예수님의 이름으로 기도합니다. 아멘.

WEEK **18**

| 제18주 |

하나님은 잊지 않으십니다

| 하루 말씀 |

■ **첫째 날: 사무엘하 9–12장**

■ 둘째 날: 사무엘하 13–15장

■ 셋째 날: 사무엘하 16–18장

■ 넷째 날: 사무엘하 19–21장

■ 다섯째 날: 사무엘하 22–24장

■ 여섯째 날: 시편 38–41장

■ 일곱째 날: 놓친 말씀 따라잡기

사무엘하 9장에서, 우리는 다윗이 므비보셋, 즉 절친한 친구 요나단의 아들이자 철천지원수인 사울의 손자에게 어떻게 은총을 베푸는지 보게 됩니다. 사울과 요나단이 길보아 전투에서 전사했다는 소식을 듣고, 유모는 다섯 살 난 므비보셋을 안고 도주했습니다. 급히 서두른 나머지 유모가 므비보셋을 떨어트렸고, 그 때 다리를 다친 므비보셋은 평생을 절름발이로 살게 되었습니다. 그 당시 몸이 불편한 사람은 생계를 유지하기 힘들었고(오늘날보다 더 힘들었죠), 인간으로서의 가치도 제대로 인정받지 못했죠. 따라서 므비보셋도 자신의 존재 가치를 전혀 인식하지 못하고 평생을 살 수밖에 없었습니다. 사무엘하 9장에서 알 수 있듯이, 므비보셋은 성인이지만 로드발 암미엘의 아들 마길의 집에 얹혀사는 신세이기도 합니다.

사무엘상 20장 14절에서 15절에, 요나단은 다윗에게 이렇게 이야기합니다. "너는 내가 사는 날 동안에 여호와의 인자하심을 내게 베풀어서 나를 죽지 않게 할 뿐 아니라 여호와께서 너 다윗의 대적들을 지면에서 다 끊어 버리신 때에도 너는 네 인자함을 내 집에서 영원히 끊어 버리지 말라 하고". 몇 년이 지났지만, 다윗은 그 약속을 잊지 않았습니다. 왕궁에 불려 와 두려워하고 있는 므비보셋에게 다윗은 이렇게 말합니다. "무서워하지 말라 내가 반드시 네 아버지 요나단으로 말미암아 네게 은총을 베풀리라 내가 네 할아버지 사울의 모든 밭을 다 네게 도로 주겠고 또 너는 항상 내 상에서 떡을 먹을지니라 하니"(삼하 9:7).

므비보셋은 항상 자신을 쓸모없는 존재라고 생각했습니다. 8절 말씀에, "이 종이 무엇이기에 왕께서 죽은 개 같은 나를 돌아보시나이까"라는 대답을 보면 너무나 명백히 알 수 있죠. 어쩌면 므비보셋은 조부인 사울이 저지른 악행 때문에라도, 절대 드러나고 싶지 않았을 것입니다. 그러나 다윗은 요나단과 맺은 언약을 지키기 위해, 그에게 은총을 베풀고 싶어 합니다. 므비보셋은 누군가 이런 큰 은혜를 베풀 거라고는 상상도 못 했지만, 하나님께서는 그가 헤아릴 수도 없는 계획을 세우고 계셨습니다.

마찬가지로 하나님께서는 당신을 잊지 않으십니다. 하나님은 당신이 행한 일의 옳고 그름에 따라, 당신을 잊거나 기억하는 분이 아닙니다. 모두 하나님의 은총 덕분입니다. 삶이 가시밭길처럼 보일지라도, 그 길에는 하나님의 은혜가 머물러 있습니다. 하나님께서는 '당신이 잘나서'가 아니라 '당신인데도 불구하고' 은혜를 주십니다. 우리를 흠 없이 보아주시고, 우리가 쓸 것을 공급해 주십니다. 때로는 우리의 소원을 이루어 주기도 하시죠. 하나님께서는 당신을 마음에 간직하십니다. 므비보셋처럼, 당신은 자신을 하찮게 여길지도 모릅니다. 그러나 당신은 존귀한 사람입니다. 혹시 복을 받지 못했다고 느껴지나요? 사실 그 복보다, 하나님께는 당신 자체가 더 보배롭고 존귀합니다.

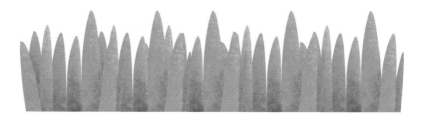

| 묵상 포인트 |

1. 당신 자신을 스스로 가치 없는 존재라고 여겼던 적이 있나요? 그 당시의 상황과 형편은 어땠나요?

_____

_____

_____

_____

2. 자신을 갉아먹는 그런 생각에서 어떻게 벗어날 수 있었나요? 혹시 아직도 그 씨름 가운데 있나요?

_____

_____

_____

_____

3. 자신을 무가치한 존재라고 여기는 사람들에게, 당신은 어떻게 격려해 줄 수 있을까요?

_____

_____

_____

_____

| 적용 포인트 |

1. 다른 누군가에게 친절을 베풀 수 있는 여러 가지 방법을 떠올려 보세요.

2. 당신이 누군가에게 받았던 친절을 생각해 보세요. 당신이 받은 대로, 다른 사람에게 의지적으로 보답해 보세요.

3. 울적해 있는 사람을 미소 짓게 만들어 보세요.

4. 누군가에게 '하나님은 당신을 잊지 않으십니다.'라고 격려의 메시지를 보내 주세요.

| 제19주 |

가뭄이
끝나는 중입니다

| 하루 말씀 |

- 첫째 날: 열왕기상 1-4장
- 둘째 날: 열왕기상 5-7장
- 셋째 날: 열왕기상 8-10장
- 넷째 날: 열왕기상 11-14장
- **다섯째 날: 열왕기상 15-18장**
- 여섯째 날: 열왕기상 19-22장
- 일곱째 날: 놓친 말씀 따라잡기

 곧 폭풍이 몰아칠 거라는 대기의 변화를 알아차린 적이 있나요? 바람이 불기 시작하지만, 아직 바깥의 공기는 따뜻합니다. 머지않아 구름이 해를 가리고, 바람은 방향을 바꿔 조금 더 강하게 불기 시작합니다. 경험이 없는 사람이라면, 이런 변화를 별로 대수롭지 않게 여길 것입니다. 그러나 그곳에 오래 살았고 이런 변화에 익숙하다면, 단번에 파악해 낼 것입니다. 이제 곧 폭풍이 불어닥친다는 사실을 말이죠.

열왕기상 18장에, 엘리야 선지자 주위를 감도는 분위기가 바로 이러한 폭풍 전야 같습니다. 비유적으로도 그렇고, 사실 정말로 폭풍 전야이기도 했죠. 엘리야는 이 땅에 3년간 가뭄이 임할 것이라고 예언했습니다. 그리고 악한 아합 왕과 바알 숭배자들에게, 너희가 섬기는 바알이 아닌 오직 '여호와'가 이스라엘 중에서 참 하나님이심을 똑똑히 증명해 주었죠. 18장에는 그 예언했던 3년이 지나고, 엘리야와 아합 왕이 정면으로 맞붙은 사건이 기록되어 있습니다. 갈멜산에서 바알의 선지자들과 대결할 때, 하나님께서는 엘리야에게 기적을 행하게 하시고 하늘에서 불을 내리셨습니다. 결국 엘리야가 바알의 선지자들을 모조리 잡아 죽였다는 사실도 알 수 있죠. 그 후 엘리야는 아합 왕에게 이렇게 말합니다. "올라가서 먹고 마시소서 큰 비 소리가 있나이다".

3년간의 가뭄 끝에 오는 비는 참된 하나님이 누구인지 확증하는 기적일 것입니다. 엘리야는 비가 올 것을 확신했습니다. 그저 느낌이 아닙니다. '들은 것'이기에 확신한 것입니다. 우리는 항상 들을 귀를 준비해야 합니다. 주님의 말씀은 평생 귀로 듣기 때문입니다. 그러하기에 로마서 10장 17절에도, "그러므로 믿음은 들음에서 나며 들음은 그리스도의 말씀으로 말미암았느니라"라고 기록되어 있죠. 열왕기상에서 엘리야가 들은 것은 큰 빗소리였습니다.

그 후 아합 왕은 먹고 마시러 올라간 반면에 엘리야는 갈멜산 꼭대기로 기도하러 올라갔습니다. 저는 엘리야가 자신이 똑똑히 들은 것을 나타내 보여 달라고 하나님께 간구했다고 믿습니다. 우리도 이 말씀을 교훈 삼아야 합니다. 때로 하나님은 당신의 마음에 불가능해 보이는 것을 담아 두실 것입니다. 그러나 당신은 그것이 반드시 실현될 거라고 직감합니다. 설명할 수는 없지만, 무언가가 곧 닥치리라는 것을 당신은 바로 알게 되는 것이죠. 그러므로 우리는 우리 마음에 주신 바, 그 말씀이 실현되기를 바라며 기도해야 합니다. 비록 그것이 언제, 어떻게 이루어질지는 알 수 없어도, 쉬지 말고 기도에 힘쓸 것을 당부합니다. 3년간의 가뭄을 끝내고, 결국 큰 비를 내리신 그 하나님의 하나님 되심을 신뢰하면서 말이죠.

| 묵상 포인트 |

1. 당신의 삶에서 '가뭄의 때'라고 생각하는 부분이나 영역이 있나요?

_____

_____

_____

_____

2. 당신의 마음에 '이건 불가능한 일이야'라고 느꼈던 적이 있나요? 어떠한 일이었나요?

_____

_____

_____

_____

3. 그것이 왜 불가능하다고 느껴졌나요? 당신은 하나님께서 그 일을 행하실 수 있고, 또 행하실 분이라고 진심으로 믿고 있나요?

_____

_____

_____

_____

| 이번 주 생각거리 |

　기도를 마친 엘리야는 사환을 시켜, 올라가 바다 쪽을 바라보라고 이야기합니다. 사환은 올라가 바라보고 돌아와서는 아무것도 없다고 답하죠. 엘리야는 사환에게 일곱 번까지 다시 가서 보게 하고, 결국 사환은 일곱 번째 이르러서야 손만 한 작은 구름이 일어나는 모습을 보게 됩니다. 엘리야의 믿음은 꺾이지 않습니다. 한 번, 두 번, 그리고 여섯 번까지 계속되는 부정적인 보고에도 낙담하지 않습니다. 하나님의 말씀 위에 굳게 선 엘리야는 전혀 흔들림이 없습니다. 어떤 징후가 항상 즉각적으로 나타나지 않는다고 해서, 하나님이 그 말씀하신 바를 그만둔 것은 아닙니다. 우리의 믿음을 굳건히 붙들어야 합니다. 하나님의 말씀은 반드시 이루어지게 되어 있습니다.

WEEK **20**

| 제20주 |

새 힘을 주시는 하나님

| 하루 말씀 |

■ 첫째 날: 열왕기하 1-3장
■ 둘째 날: 열왕기하 4-7장
■ **셋째 날: 열왕기하 8-11장**
■ 넷째 날: 열왕기하 12-15장
■ 다섯째 날: 열왕기하 16-18장
■ 여섯째 날: 열왕기하 19-22장
■ 일곱째 날: 놓친 말씀 따라잡기

 하나님께서 기뻐하시는 딸, 우리 자매님들. 저는 여러분이 하나님께 드릴 감사의 제목이 많을 거라고 믿습니다. 하나님께서 여러분을 보호하시고, 쓸 것을 공급해 주셨던 수많은 간증이 모두 감사 제목이기 때문이죠. 그러나 또 한편으로는 낙심하고 좌절한 날들도 있었을 것입니다. 내일 일을 위하여 염려해야만 했던 무수한 시간들 말이죠. 하지만 그때에도 하나님께서는 당신을 붙드셨고, 당신에게 다시 일어설 새 힘도 주셨습니다. 저도 하나님의 붙드심을 경험한 산증인으로서, 회복시켜 주신 하나님의 은혜에 늘 감사하고 있습니다. 그런데 회복하기가 그리 쉬운가요? 절대 아니죠. 그러나 하나님의 도우심을 입는다면 해낼 수 있습니다.

열왕기하 8장에는 모든 소유물을 버려두고 떠나야 했던 한 여인이 등장합니다. 4장에 먼저 등장했던 이 여인은 엘리사 선지자에게 충실했던 종이었습니다. 그 여인과 남편은 작은 방을 담 위에 만들고, 엘리사가 그 동네를 지날 때마다 묵을 수 있게 했습니다. 이 부부의 세심한 배려에 감동한 엘리사는 보답을 해 주고 싶었습니다. 여인은 아들이 없고, 남편은 늙었다는 사환의 말에, 엘리사는 이 부부에게 한 해가 지나 아들을 안을 거라고 축복했습니다. 엘리사가 말한 대로, 여인은 잉태하여 한 해가 지나 아들을 낳게 되었죠. 그러던 어느 날, 축복 속에 태어나 자란 그 아이가 갑자기 죽음을 맞았습니다. 그러나 이 여인의 믿음은 전혀 약해지지 않았습니다. 오히려 엘리사를 찾아가 아들의 목숨을 살려 달라며 간청했고, 놀랍게도 아이는 살이 차차 따뜻해지며 눈을 뜨는 회복

을 경험하게 되었습니다.

이제 8장에서 여인은 또 다른 위기 상황에 놓여 있습니다. 그러나 한 가지 변함없는 사실은 여인의 믿음이 전혀 사그라들지 않았다는 것입니다. 엘리사는 여인에게 "네 가족과 함께 거주할 만한 곳으로 가서 거주하라 여호와께서 기근을 부르셨으니 그대로 이 땅에 칠 년 동안 임하리라"(왕하 8:1)라고 알려 주었습니다. 여기, 한때 매우 부유했던 여인이 있습니다. 물론 후에 살아나긴 했으나, 사랑하는 아들의 죽음을 겪어야 했습니다. 남편을 잃은 것이 분명해 보이고, 이제 가산마저 잃게 될 처지였습니다. 여인의 믿음은 어느 때보다 강했지만, 자기 몫의 힘겨운 싸움은 여전히 계속되고 있었죠. 그러나 이 모든 역경에도 불구하고, 다시 굳세게 일어서는 여인의 모습을 우리는 보게 됩니다. 칠 년이 다하고 고향에 돌아온 여인은 자기 집과 전토를 돌려받고자 왕에게 호소하러 나아갔습니다. 결국 여인은 자신에게 속한 모든 것뿐만 아니라, 이 땅에서 떠날 때부터 이제까지 그의 밭의 소출 또한 전부 돌려

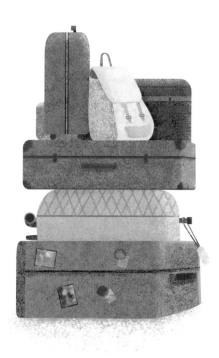

받게 되었죠.

제가 저 자신을 격려했듯이, 당신을 격려해 주고 싶습니다. 우리는 모두 얼마간 우여곡절을 겪으며 살아갑니다. 어떤 때는 세상을 다 가진 기분이 들기도 하고, 또 다른 때는 "하나님이 나를 버렸나?" 싶은 마음도 듭니다. 사랑하는 자매님, 두려워 떨지 마세요. 하나님은 거기 그대로 계십니다. 방법도 때와 시기도 알 수는 없지만, 당신은 하나님께서 부어 주시는 회복의 새 힘을 얻게 될 것입니다.

| 묵상 포인트 |

1. 열왕기하에 등장하는 이 여인의 이야기를 다른 관점으로 생각해 볼 수도 있을까요? 당신은 어떻게 생각하나요?

_____

_____

_____

_____

2. "하나님이 어디 계신가?", "하나님이 나를 버렸나?"라고 의문이 들었던 적이 있나요? 그 상황을 어떻게 이겨 냈나요?

_____

_____

_____

_____

3. 말씀을 읽고, 믿음으로 순종하는 것이 얼마나 중요한지 알게 되었나요? 그렇다면 당신의 믿음의 분량은 어느 정도라고 생각하나요? 또 당신은 말씀에 순종하며 살고 있나요?

_____

_____

_____

_____

| 이번 주 말씀 구절 |

왕이 그 여인에게 물으매 여인이 설명한지라 왕이 그를 위하여 한 관리를 임명하여 이르되 이 여인에게 속한 모든 것과 이 땅에서 떠날 때부터 이제까지 그의 밭의 소출을 다 돌려주라 하였더라(왕하 8:6).

WEEK **21**

| 제21주 |

시험을 이길 수 있나요?

| 하루 말씀 |

■ 첫째 날: 열왕기하 23-25장
■ **둘째 날: 누가복음 1-4장**
■ 셋째 날: 누가복음 5-7장
■ 넷째 날: 누가복음 8-11장
■ 다섯째 날: 누가복음 12-14장
■ 여섯째 날: 누가복음 15-18장
■ 일곱째 날: 놓친 말씀 따라잡기

 성경은 예수님이 이 땅에서 공생애를 시작하기 전에 시험받았다고 기록하고 있습니다. "예수께서 성령의 충만함을 입어 요단 강에서 돌아오사 광야에서 사십 일 동안 성령에게 이끌리시며 마귀에게 시험을 받으시더라 이 모든 날에 아무것도 잡수시지 아니하시니 날 수가 다하매 주리신지라"(눅 4:1-2). 1절 말씀에 주목해 보세요. 예수님은 성령의 충만함을 입고 요단강에서 돌아오셨습니다. 예수님께서 세례 요한에게 세례를 받으신 장면을 기억하나요? 성령이 비둘기 같은 형체로 예수님 위에 강림하시더니, 하늘로부터 이런 소리가 났습니다. "너는 내 사랑하는 아들이라 내가 너를 기뻐하노라"(눅 3:22). 예수님은 하늘로부터 이와 같은 확증을 얻자마자, 광야로 보내져 시험을 받으셨습니다.

마귀는 기록된 성경 말씀을 인용하며, 예수님이 하나님의 뜻을 거슬러 행하도록 유혹했습니다. 예수님이 성령의 충만함을 입었을 때도, 또 예수님이 아무것도 잡수시지 않아 약해져 있을 때도, 마귀는 가리지 않고 예수님을 찾아왔습니다. 그리고 예수님께서 허기로 주리시자, 마귀는 그 배고픔을 건드리기 시작했습니다. 마귀는 이와 같이 우리를 시험합니다. 우리가 충만할 때든 곤고할 때든, 어느 때든 마구잡이로 찾아오죠. 당신이 아프거나 과로하거나, 혹은 가정 문제로 부담을 떠안고 있어도, 마귀는 전혀 신경 쓰지 않습니다. 마귀는 그렇게 모든 상황을 틈타서, 마귀의 일을 실행합니다.

우리의 믿음이 점차 커질 때, 그 믿음의 시련도 더욱더 거세어집니다.

이전에는 받아 본 적 없는 시험을 감당하게 될 것입니다. 그 시험이 결혼 생활에 찾아올지도 모릅니다. 남편이 직장에서 해고되고 당신 혼자 생활비를 벌어야 할 수도 있습니다. 암 진단을 받는 등의 건강 문제로 그 시험이 닥칠 수도 있고요. 그러나 좋은 소식이 있습니다. 우리는 그 시험을 혼자서 치르지 않는다는 것이죠.

이를 확신하려면, 먼저 하나님의 말씀이 우리 안에 있는지 확인해 봐야 합니다. 그것이 예수님께서 시험을 이기신 방법이니까요. 마귀가 예수님을 찾아와 유혹할 때마다, 예수님은 말씀으로 마귀를 물리치셨습니다. 예수님께서는 "기록되었으되 사람이 떡으로만 살 것이 아니요 하나님의 입으로부터 나오는 모든 말씀으로 살 것이라"(마 4:4)고 답하셨습니다. 에베소서 6장 17절은 하나님의 말씀을 "구원의 투구와 성령의 검"

으로 묘사하고 있습니다. 히브리서 4장 12절에도 하나님의 말씀은 "살아 있고 활력이 있어 좌우에 날 선 어떤 검보다도 예리하여"라고 기록되어 있죠. 예수님은 이런 하나님의 말씀으로 마귀를 대적해 물리치셨습니다. 우리도 예수님처럼 해야 합니다. 시험을 이기는 가장 큰 무기는 무엇보다 하나님의 말씀이기 때문입니다. 예수님께서 말씀으로 이기셨다면, 우리도 말씀으로 이길 수 있습니다.

| 묵상 포인트 |

1. 당신은 최근에 어떤 시험을 받았나요?

_____

_____

_____

_____

2. 시험에서 이겼나요, 혹은 패배했나요? 그 시험에서, 당신은 어떻게 행동했나요?

_____

_____

_____

_____

3. 시험을 받고 있는 사람들에게, 당신이 해 줄 수 있는 조언은 무엇인가요?

_____

_____

_____

_____

| 적용 포인트 |

1. 오직 하나님의 말씀이 강력한 무기라는 진리를 알았으니, 이번 주에는 매일 새로운 말씀을 배우고 암송하는 일에 매진해 보세요.

2. 매일 배운 말씀 구절을 삶에 구체적으로 적용할 수 있는 방법들을 생각해 보세요.

WEEK **22**

| 제22주 |

가만히 있으라

| 하루 말씀 |

- ■ 첫째 날: 누가복음 19-21장
- ■ 둘째 날: 누가복음 22-24장
- ■ **셋째 날: 시편 42-47장**
- ■ 넷째 날: 시편 48-54장
- ■ 다섯째 날: 시편 55-61장
- ■ 여섯째 날: 시편 62-67장
- ■ 일곱째 날: 놓친 말씀 따라잡기

시편 46편은 고라 자손의 시입니다. 큰 위협 속에서도 하나님을 믿음으로 바라보자고, 서로 격려하며 불렀던 노래입니다. 오직 전지전능하신 하나님께 희망과 믿음을 둘 것과 하시편 46편은 고라 자손의 시입니다. 큰 위협 속에서도 하나님을 믿음으로 바라보자고, 서로 격려하며 불렀던 노래입니다. 오직 전지전능하신 하나님께 희망과 믿음을 둘 것과 하나님이 바로 만군의 여호와라는 사실을 일깨워 주고 있죠.

시편 기자는 이렇게 고백합니다.

"하나님은 우리의 피난처시요 힘이시니 환난 중에 만날 큰 도움이시라 그러므로 땅이 변하든지 산이 흔들려 바다 가운데에 빠지든지 바닷물이 솟아나고 뛰놀든지 그것이 넘침으로 산이 흔들릴지라도 우리는 두려워하지 아니하리로다 (셀라) 한 시내가 있어 나뉘어 흘러 하나님의 성 곧 지존하신 이의 성소를 기쁘게 하도다 하나님이 그 성 중에 계시매 성이 흔들리지 아니할 것이라 새벽에 하나님이 도우시리로다 뭇 나라가 떠들며 왕국이 흔들렸더니 그가 소리를 내시매 땅이 녹았도다 만군의 여호와께서 우리와 함께하시니 야곱의 하나님은 우리의 피난처시로다 (셀라) 와서 여호와의 행적을 볼지어다 그가 땅을 황무지로 만드셨도다 그가 땅끝까지 전쟁을 쉬게 하심이여 활을 꺾고 창을 끊으며 수레를 불사르시는도다"(시 46:1-9).

다시 말해, 시편 기자는 이렇게 외치고 있는 것입니다. "우리 하나님이 어떤 분인지 아느냐? 바로 전지전능하시며, 천하만국을 통치하시는 분이다!"라고 말이죠. 하나님께서 천하만국을 통치하시는 분이기에, 시편 기자는 "너희는 가만히 있어 내가 하나님 됨을 알지어다"(시 46:10)라고 고백할 수 있었던 것이죠. 이렇게 선포하시는 그 하나님께서, 당신을 위해 싸우시고 눈동자와 같이 지키고 계십니다. 우리는 그저 가만히 있으면 됩니다. 그러나 이 말씀에서 가만히 있으라는 말은 아무것도 안 하거나 무관심하라는 뜻이 아닙니다. 하나님께서 당신을 위해 일하고 계심을 알고, 그것을 확신하며 기다리라는 것이죠. 즉 당신이 그렇게 기다리는 동안, 하나님께서는 당신의 배후에서, 여전히 당신을 위해 일하고 계신다는 말입니다.

때로는 하나님께서 먼저 신속하게 움직여 주셨으면 싶은 때가 있는데, 그때는 가만히 있기가 무척 힘듭니다. 집안에 심각한 재정난이 생겼다거나 자녀들이 점점 일탈 행위를 일삼는다거나 하는 때가 바로 그런 경우죠. 이런 절체절명의 위기에 가만히 있는다는 것은 자칫 말이 안 되는 소리처럼 들립니다. 우리는 빨리 그 상황을 모면하거나 해결책이라도 얻기를 바라니까요. 그러나 하나님께서 움직이지도 말씀하지도 않으시고, 더욱이 문제를 해결하는 데 상당히 지체하시는 것처럼 느껴진다면, 아마 그때가 당신이 가만히 있어야 할 때인지도 모릅니다. 당연히 어렵죠. 하지만 하나님께서는 그 상황 속에서 당신의 믿음이 자라기를 바라십니다. 또한 당신의 선한 간증이 나날이 늘어 가기를 원하십니다.

그 이유가 무엇이든지 간에, 우리는 하나님의 계획을 믿고 "너희는 가만히 있어"라는 말씀에 그저 의지할 뿐입니다.

| 묵상 포인트 |

1. 이번 주 당신은 몇 번이나, 가만히 있어야 할 때 움직이셨나요? 당신이 잠자코 있어야 할 때 남편에게 화를 내고 말다툼을 했다거나, 혹은 자녀가 말하기도 전에 당신이 먼저 나서서 자녀의 입장을 밝힌 것 등을 예로 들 수 있겠네요.

_____

_____

_____

_____

2. 당신의 삶에서, 가만히 있기가 가장 힘든 부분은 무엇인가요?

_____

_____

_____

_____

3. 오늘 말씀에 비추어 봤을 때, 당신은 앞으로 어떤 마음가짐과 자세로 상황을 바라보며 나아갈 건가요?

_____

_____

_____

_____

┃ 이번 주 말씀 구절 ┃

이르시기를 너희는 가만히 있어 내가 하나님 됨을 알지어다 내가 뭇 나라 중에서 높임을 받으리라 내가 세계 중에서 높임을 받으리라 하시도다(시 46:10).

| 제23주 |

하나님의 방법은
온전합니다

| 하루 말씀 |

- 첫째 날: 역대상 1-4장
- 둘째 날: 역대상 5-8장
- 셋째 날: 역대상 9-12장
- **넷째 날: 역대상 13-16장**
- 다섯째 날: 역대상 17-19장
- 여섯째 날: 역대상 20-22장
- 일곱째 날: 놓친 말씀 따라잡기

 우리는 하나님의 방식대로 행하기를 바라고 원합니다. 그러나 정작 그러지 못할 때가 더 많다는 사실에 모두 동의할 것입니다. 우리는 최선이 무엇인지 안다고 생각합니다. 하나님의 얼굴을 구하며 확실한 뜻과 방향을 구하기보다는, 우리의 느낌을 토대로 결정을 내리죠. 그런 점에서 우리는 모두 유죄입니다. 그러나 다시 기회가 주어진다면, 그때는 반드시 하나님의 방법대로 해야만 합니다.

우리는 〈제17주〉에서 사무엘하 말씀을 읽었습니다. 다윗이 믿음의 시련을 겪어야 했던 사건을 접했죠. 이제 그 이야기가 역대상 말씀에 다시 등장합니다. 이스라엘 백성은 블레셋에게 빼앗겼던 언약궤를 되찾아, 아비나답의 집에 보관해 두었습니다. 다윗은 이 언약궤를 예루살렘의 다윗성에 옮기기를 원했죠. 그러나 잘못된 방법으로 옮긴 탓에, 결국 웃사가 목숨을 잃고 말았습니다. 그 후 석 달을 오벧에돔의 집에 두었던 하나님의 궤는 이제 예루살렘으로 돌아가야 할 때입니다. 이번만큼은 다윗도 올바른 방법으로 옮기고 싶습니다. 다윗은 이전에 언약궤를 옮기는 데 실패했던 이유를 솔직히 고백합니다. 자신과 모든 지휘관이 먼저 하나님께 묻지 않았고, 따라서 하나님의 방식대로 언약궤를 옮기지 않았으며, 결국 그것이 하나님의 임재를 잃게 했다고 말이죠.

우리도 하나님께서 명하신 말씀을 잊어버리고, 우리의 방법대로 상황을 해결할 때가 너무나 많지 않나요? 원수를 용서하라는 하나님의 말씀도 자주 잊어버리지 않나요? 중요한 결정에 앞서, 하나님께 묻지 않은 적이 허다하지 않았나요? 결국 우리는 우리의 방법대로 행하고, 수도 없이 실패를 맛보았습니다. 그 방법이 옳다고 느껴졌고, 저지르지 않아도 될 실수를 저지르게 되었죠.

　다시 역대상 15장 26절 말씀으로 돌아와 봅시다. 다윗과 이스라엘 장로들과 천부장들이 가서 여호와의 언약궤를 즐거이 메고 오벧에돔의 집에서 올라왔습니다. 이를 말씀에는 "하나님이 여호와의 언약궤를 멘 레위 사람을 도우셨으므로"라고 기록되어 있습니다. 지난번에는 하나님의 방법을 신뢰하며 따르지 않았기에, 일이 엉망으로 끝나고 말았죠. 그러나 이번에는 달랐습니다. 하나님의 방법대로 행하니, 하나님께서 그들에게 힘을 주시고 강한 손과 펴신 팔로 도우셨습니다.

　우리는 하나님이 우리의 도움이라는 사실을 믿고, 항상 기억해야 합니다. 불가능해 보이는 일들도 있습니다. 극복할 수 없어 보이는 고난과 역경도 있고요. 그러나 우리가 하나님의 방식으로 행할 때, 하나님은 우리에게 넉넉히 해낼 만한 힘을 주십니다. 이 산더러 들려 바다에 던져지라 하여도 될 만한 그런 믿음의 힘을 말이죠. 우리는 때로 하나님의 전능하심을 잊기도 합니다. 나의 도움이 어디서 오는지도 잊어버리고요. 하나님의 방법대로 행한다는 것은 영원히 서고 대대에 이르는 하나님의 계획을 믿는 것입니다. 또한, 우리의 힘이시며 큰 도움이신 하나님을 의지하는 것입니다.

| 묵상 포인트 |

1. 하나님의 방법으로, 혹은 말씀 가운데 주신 마음으로 결정했던 상황들이 있었나요?

---

2. 하나님의 말씀대로 행해 본 적, 혹은 행하려고 노력해 본 적이 있나요? 그렇게 행동하는 것은 얼마나 어려웠나요?

---

3. 하나님의 말씀대로 행하려면, 당신은 무엇부터 바꾸어 나가야 할까요?

| 나를 위한 기도 |

사랑하는 하나님, 나의 길을 이끄시고 인도하시며 지도해 주시기를 원합니다. 저는 하나님의 뜻을 따라 날마다 행하지 않았음을 고백합니다. 이 시간 저의 죄를 자백하오니, 주님의 긍휼로 저를 용서해 주세요. 올바른 방법으로 다시 행할 기회를 주심에 감사합니다. 또한 하나님의 뜻대로 살 수 있도록 도움과 힘을 주시니 감사합니다. 예수님의 이름으로 기도합니다. 아멘.

WEEK 24

| 제24주 |

지금은 기도할 때입니다

| 하루 말씀 |

- 첫째 날: 역대상 23-26장
- 둘째 날: 역대상 27-29장
- 셋째 날: 역대하 1-3장
- **넷째 날: 역대하 4-7장**
- 다섯째 날: 역대하 8-10장
- 여섯째 날: 역대하 11-13장
- 일곱째 날: 놓친 말씀 따라잡기

우리는 혼돈의 시대에 살고 있습니다. 점점 불안정해지는 세상을 바라보며, 불만을 표출하기도 하죠. 우리는 사회의 부패를 정부 지도자들 탓으로 돌리거나, 혹은 둘러앉아 "내게 화로다"를 부르짖을지도 모릅니다. 그만큼 우리 사회가 위태로워지고 있다고 생각하니까요. 그러나 말씀은 아주 분명히 이야기하고 있습니다. 나라가 아무리 혼란스러워 보여도, 그 혼란을 기도의 힘으로 바로잡는 힘과 권위, 책임을 지닌 사람들이 바로 하나님의 백성이라는 사실을 말이죠.

역대하 7장에는 하나님께서 솔로몬과 이스라엘 자손의 기도에 응답하신 장면이 기록되어 있습니다. 그 앞 장에서 백성은 여호와의 성전 건축하기를 거의 다 마치고, 모든 일은 순조롭게 진행되는 듯해 보였습니다. 그러나 백성의 기질을 잘 아는 솔로몬은 하나님께 나아가 기도와 간구를 올렸습니다. 백성이 범죄하여 그릇된 길로 나아가더라도, 하나님께서 그들에게 자비를 베풀어 달라고 청하는 기도였죠. 또한, 솔로몬은 나라가 어렵고, 이 땅에 기근과 전염병이 생기면 어떻게 해야 하는지도 하나님께 물었습니다.

하나님께서 응답하실 때까지 시간은 지체되었지만, 솔로몬은 기도를 멈추지 않았습니다. 그렇다면 우리는 어떠한가요? 이쯤 되면 응답해 주실 때라는 생각이 들지만, 그럼에도 응답이 없을 때 우리는 기도하기를 그만두고는 합니다. 그러나 그때는 포기할 때가 아니라, 더욱 기도에 힘써야 할 때입니다. 바로 솔로몬처럼 말이죠. 솔로몬은 기도했고, 칠 일간 번제물과 화목제로 여호와 앞에 제사를 드렸습니다. 그리고 여덟째 날에, 솔로몬은 백성을 그들의 장막으로 돌려보냈죠.

그날 밤, 하나님께서 마침내 침묵을 깨시고 솔로몬에게 말씀하셨습니다. "내가 이미 네 기도를 듣고 이곳을 택하여 내게 제사하는 성전을 삼았으니"(대하 7:12). 또한, 하나님께서는 혹시 내가 비를 내리지 않거나 혹 메뚜기들에게 토산을 먹게 했을 때, 이스라엘 백성은 기도해야 한다고 당부하셨습니다. 14절에서 하나님께서는 이렇게 말씀하십니다. "내 이름으로 일컫는 내 백성이 그들의 악한 길에서 떠나 스스로 낮추고 기도하여 내 얼굴을 찾으면 내가 하늘에서 듣고 그들의 죄를 사하고 그들의 땅을 고칠지라". 이스라엘 백성은 곧 '내 백성'이기에, 하나님께서는 눈을 들고 귀를 기울이겠다고 약속하셨습니다. '내 백성'이 훗날 범죄할 것을 아시지만, 그럼에도 하나님께서는 이스라엘의 부르짖음을 들으시며 그들을 돌보실 것입니다. 그 백성이 쫓겨 하늘 끝에 가 있을지라도, 하나님은 기꺼이 그들을 돌아오게 하실 분입니다.

이 약속의 말씀은 오늘날 우리의 삶에도 적용됩니다. 그러나 우리도 우리에게 맡겨진 역할을 다해야 합니다. '악한 길'에서 떠나 스스로 낮추고, 하나님의 얼굴을 찾으며 기도해야 합니다. 역대하의 이 말씀은 우리가 그릇된 길에서 돌이키면, 하나님께서는 허물어진 곳을 고치실 거라는 진리를 보여 줍니다. 우리 앞에 두신 하나님의 율례와 명령을 지키며, 우리 삶에 행하실 하나님의 말씀을 믿음으로 붙잡아야 합니다. 보아하니, 지금은 기도할 때입니다.

| 묵상 포인트 |

1. 하나님께 기도의 응답을 받기 위해 '이것까지 해 봤다' 싶은, 당신이 감당하기에 가장 힘들었던 것은 무엇이었나요?

_____

_____

_____

_____

2. 우리는 기도하고, 스스로 낮추고, 또 악한 길에서 돌이서라는 가르침을 받았습니다. 이 중에 알면서도 행하지 못한 것이 있나요?

_____

_____

_____

_____

3. '기도하라', '자기 자신을 낮추라', '악한 길에서 돌아서라'는 세 가지 가르침 중에서, 당신이 특별히 노력을 기울여야 할 것은 무엇인가요?

_____

_____

_____

_____

| 적용 포인트 |

1. 이번 주에는 의도적으로 시간을 내어 기도에 집중해 보세요.

2. 하나님의 얼굴을 구하며 기도해야 할 목록을 작성해 보세요. 영적 성장을 돕는 기도 제목부터 가족과 직장, 재정과 관련한 기도 제목까지 모두 포함해서요.

WEEK **25**

| 제25주 |

말에는 권세가
있습니다

| 하루 말씀 |

- **첫째 날: 잠언 18-21장**
- 둘째 날: 잠언 22-24장
- 셋째 날: 잠언 25-27장
- 넷째 날: 잠언 28-31장
- 다섯째 날: 역대하 14-16장
- 여섯째 날: 역대하 17-19장
- 일곱째 날: 놓친 말씀 따라잡기

잠언 18장 21장은 이렇게 기록되어 있습니다. "죽고 사는 것이 혀의 힘에 달렸나니 혀를 쓰기 좋아하는 자는 혀의 열매를 먹으리라". 이 말씀이 유진 피터슨이 쉽게 풀어쓴 성경인《메시지》에는, "말은 사람을 죽이기도 하고 살리기도 하니, 독으로 쓸지 열매로 삼을지 선택하여라."라고 번역되어 있습니다. 다시 말해, 당신은 축복이나 저주를 말하게 된다는 것입니다. 믿음을 고백하거나 의심을 표현하거나, 혹은 승리를 선포하거나 패배를 시인하거나 할 거고요. 또 풍족이나 부족을 말하게 될 수도 있죠. 말은 나아갈 방향과 거리를 알려 주는 방편이기도 합니다. 여정이 쉬울지 어려울지 말로 따져 볼 수도 있고요. 당신은 어떤 단어로 말할 건가요? 불평불만을 나타내는 단어인가요, 아니면 격려를 표현하는 단어인가요? 부정적인 단어인가요, 아니면 긍정적인 단어인가요?

우리는 온갖 부정적인 것들로 꽉 찬 세상에 살고 있기에, 긍정적인 자세를 유지하려면 실제로 많은 노력을 기울여야 합니다. 우리는 우리도 인식하지 못하는 사이, 부정적인 말들을 무수히 쏟아 놓습니다. 예를 들면, "애들 때문에 미치겠어.", "난 승진은 죽어도 못 할 거야."라거나 "이 나이에 결혼하기는 글렀어."라며 입에 달고 사는 말들이 있죠. 우리는 우리가 보고 들은 것에 너무나 익숙합니다. 그래서 그 보고 들은 것들을 별생각 없이 되뇌기 시작하죠. 우리는 입 밖으로 내뱉는 말을 삼가야 합니다. 유해한 표현보다는 "나는 할 수 있어.", "난 해낼 거야."라는 유익한 표현으로 바꿔 나가야 합니다.

그러나 표현을 바꾸려면, 먼저 우리의 사고방식이 변해야 합니다. 빌립보서 2장 5절 말씀입니다. "너희 안에 이 마음을 품으라 곧 그리스도 예수의 마음이니". 예수의 마음이 우리의 마음을 잠식해야 합니다. 우리가 예수 그리스도의 제자라면, 그의 본을 따르는 것이 맞습니다.

우리는 모두 배우는 과정에 있습니다. 대적을 이기는 법과 우리의 어휘를 바꾸는 법도 배워야 합니다. 당신에게 끊임없이 속삭이며, 두려움과 의심을 주입하는 마귀의 올무에 걸려들지 맙시다. 상황은 여전히 막막하고 답답해 보여도, 하나님의 말씀을 계속 읊조려 보세요. 당신의 감정에 휩쓸리기보다는 하나님께서 말씀하신 것에 더 의지하세요. 오늘부터 사망의 말이 아닌, 생명의 말을 하도록 합시다.

우리는 두려움이 엄습하고 의심이 찾아드는 경험을 다 해 보았습니다. 이를 어떻게 이길 수 있을까요? 당신이 하는 말을 바꾸어야 합니다. 말은 생각을 결정짓고, 생각은 마음가짐을 결정하기 때문이죠. 잠언 18장 말씀이 증거하고 있듯이, 입의 말에는 권세가 있습니다. 따라서 어떤 말을 선택해 사용할 것인지 늘 주의를 기울여야 합니다.

| 묵상 포인트 |

1. 우리가 알게 모르게 매일 사용하는 부정적인 단어나 표현은 무엇인가요?

_____

_____

_____

_____

2. 일상 대화를 나누며 자주 표현해야 할 유익한 단어나 말은 무엇이 있을까요?

_____

_____

_____

_____

3. 당신의 말버릇, 혹은 말하는 습관 중에 어떤 부분을 바꾸어야 한다고 생각하나요?

_____

_____

_____

_____

과일이 배를 채워 주듯 말은 마음을 만족게 하고 좋은 말은 풍성한 수확 같은 만족을 준다. 말은 사람을 죽이기도 하고 살리기도 하니, 독으로 쓸지 열매로 삼을지 선택하여라(잠 18:20-21, 《메시지》 성경).

WEEK **26**

| 제26주 |

합력이 최선의 방책입니다

| 하루 말씀 |

- **첫째 날: 역대하 20-24장**
- 둘째 날: 역대하 25-28장
- 셋째 날: 역대하 29-32장
- 넷째 날: 역대하 33-36장
- 다섯째 날: 시편 68-72장
- 여섯째 날: 시편 73-78장
- 일곱째 날: 놓친 말씀 따라잡기

하나님은 우리가 분열되기를 바라지 않습니다. 우리는 이미 수많은 가정과 교회가 나누어지는 모습을 봤습니다. 그러나 편을 가르고 서로 맞서 싸우는 것은 하나님의 뜻이 아닙니다. 레위기 26장 8절 말씀에, "또 너희 다섯이 백을 쫓고 너희 백이 만을 쫓으리니 너희 대적들이 너희 앞에서 칼에 엎드러질 것이며"라고 기록되어 있습니다. 레위기의 이 말씀대로 이루어지려면, 우리는 합심하고 협력해야 합니다. 서로를 향해 공격을 퍼붓는 대신, 우리 영혼의 대적에 저항할 힘을 모아야 하는 것이죠. 우리는 서로 합력할 때, 최선을 이루어 냅니다.

역대하 20장에서, 유다 왕 여호사밧은 "큰 무리"(대하 20:2)가 바다 저쪽 아람에서 왕을 치러 왔다는 전갈을 받았습니다. 누구나 한 번쯤은 사방으로 욱여쌈을 당해 본 적이 있을 것입니다. 아무런 대책도 없이, 그저 속수무책으로 바라만 봐야 했던 때 말이죠. 이 말씀에서 온 유다와 예루살렘 주민이 처한 상황이 바로 그랬습니다. 그들은 어떻게 할 줄을 알지 못했습니다. 그저 적군이 목전에 와 있는 상태에서, 두려워하며 놀라서 떨고 있습니다. 그러나 이런 상황에서도 누구에게 부르짖어야 하는지는 분명히 알고 있었죠. 여호사밧은 여호와께로 낯을 향하여 간구하고, 온 유다 백성에게 금식하라 공포했습니다. 여호사밧이 기도를 마치자, 여호와의 영이 회중 가운데에서 야하시엘에게 임했습니다. 그는 하나님의 말씀을 온 유다와 예루살렘 주민과 여호사밧 왕에게 대언했습니다. "너희는 이 큰 무리로 말미암아 두려워하거나 놀라지 말라 이 전쟁은 너희에게 속한 것이 아니요 하나님께 속한 것이니라"(대하 20:15).

우리가 합심하여 하나님의 계획을 이루는 것만큼 하나님께 영광 돌리는 일은 없습니다. 우리는 각개 전투자가 아닙니다. 잊지 마세요. 우리에게는 여러 지체가 있지만, 몸은 하나입니다. 우리가 힘을 합쳐 일해야, 큰일을 해낼 수 있습니다. 혼자보다는 함께할 때, 우리는 더욱 탁월하고 뛰어납니다. 그리스도의 한 몸으로 하나님의 뜻을 이루는 데 있어서, 우리에게 한계는 없습니다.

| 묵상 포인트 |

1. 당신은 지금, 당신이 아닌 하나님께 속한 전쟁에서 싸우고 있나요? 그것은 어떤 전쟁인가요?

_____

_____

_____

_____

2. 지난날, 당신이 여러 싸움에서 패배한 이유가 혹시 '다른 사람과 합력하지 않아서'라고도 볼 수 있을까요?

_____

_____

_____

_____

3. 앞으로 공동의 목표를 이루기 위해, 당신이 힘을 합해야 할 또 다른 공동체가 있나요?

_____

_____

_____

_____

| 이번 주 생각거리 |

야하시엘을 통해 하나님의 말씀을 받은 여호사밧 왕은 노래하는 자들을 택하여 군대 앞에서 행진하며 여호와를 찬송하게 했습니다. 노래와 찬송이 시작되던 바로 그 순간, 하나님께서는 여호사밧에 대적하던 군대가 서로 싸우게 하셨습니다. 유다 사람은 전장에서 싸울 필요가 없었죠. 그 망대에서 내려다보니, 적군은 이미 땅에 엎드러져 있었으니까요. 전리품(재물, 의복, 보물 등)을 모두 거두어들이는 데 사흘이나 걸렸습니다. 그 물건이 너무 많아 능히 가져갈 수 없을 만큼 많았기 때문이죠.

| 제27주 |

'이때'를 위한 부르심

| 하루 말씀 |

- 첫째 날: 에스더 1-3장
- **둘째 날: 에스더 4-6장**
- 셋째 날: 에스더 7-10장
- 넷째 날: 시편 79-84장
- 다섯째 날: 시편 85-89장
- 여섯째 날: 시편 90-96장
- 일곱째 날: 놓친 말씀 따라잡기

에스더서는 한 민족을 구원하기 위해, 하나님의 부르심을 입고 바사 왕 아하수에로에게 나아간 한 유대 소녀의 이야기입니다. 유대 민족이 포로로 유배되어 있던 때의 일입니다. 당시 바사 왕 아하수에로는 자신의 말을 거역했다는 이유로 왕후 와스디를 폐위해 버렸습니다. 그 후 전국적으로 치러진 왕후 선발 경연과 하나님의 도우심으로 에스더가 왕후에 오르게 되었죠. 그러나 에스더의 사촌이자, 고아인 그녀를 아버지처럼 보살핀 모르드개가 왕의 총리대신인 하만을 분노하게 했습니다. 모르드개가 하만에게 꿇지도 절하지도 않았기 때문이죠. 분노가 풀리지 않은 하만은 모르드개의 민족을 진멸할 요량으로, 왕에게 조서를 내리도록 꾀어냈습니다. 모르드개는 이 비보를 에스더에게 전합니다. 그리고 유대 민족의 생사가 왕후인 너에게 달렸으니, 왕에게 간절히 구하라고 부탁했죠. 에스더는 자신이 유다인인 줄을 모르는 왕에게, 더군다나 부름을 받지도 않고 나아갈 수는 없다며 그 부탁을 석연치 않아 했습니다. 그 당시 왕의 부름을 받지 않고 안뜰에 들어가서 왕에게 나가면, 오직 죽이는 법밖에는 없다고 모두 알고 있었으니까요. 그러나 에스더 4장 14절에서, 모르드개는 에스더에게 이렇게 말합니다. "네가 왕후의 자리를 얻은 것이 이때를 위함이 아닌지 누가 알겠느냐". 그 후 전개된 역사는 이번 주 에스더 말씀을 읽으며 알아 가 보세요.

사랑하는 자매님, 당신도 바로 '이런 때'를 위해 부름받았다는 사실을 꼭 기억하세요. 당신이 지금까지 겪은 모든 일은 바로 '지금'을 위해 준비해 온 시간이었다는 것을 믿으세요. 당신이 고군분투하고 눈물 쏟았던 지난 시간은 모두 지금에 이르기 위한 과정이었습니다. 출전을 앞두고 군인이 훈련의 시간을 거치듯이, 당신도 '이때'를 위해 수많은 시행착오를 거치며 준비되었던 것입니다.

당신은 가정의 중재자로 부름받았는지도 모릅니다. 하나님의 도우심을 구하는 사람이 바로 당신이니까요. 지방과 도시, 국가의 중재자로 부르셨는지도 모르죠. 이 땅의 평화와 화합을 위해, 당신이 기꺼이 마중물이 되기를 소원하니까요. 거주 지역의 교육 체계를 위해 기도하는 자로 부름받았을 수도 있습니다. 그 지역 학생들을 위해, 당신이 오랫동안 전심으로 기도해 왔으니까요. 부정이 만연한 시기에, 긍정을 널리 퍼트리는 자로 부르심을 입었습니다. 악의와 비방이 가득한 시대에, 사랑을 보이는 자로 당신을 부르셨습니다. 믿음을 잃어 가는 세대에, 당신은 그 믿음을 회복시키는 자로 부르심을 입었습니다. 당신을 세상에 선한 영향력을 끼치는 자로 부르셨습니다. 바로 '이때'를 위해, 하나님께서는 인생의 굽이굽이에서 당신을 준비시키셨습니다.

| 묵상 포인트 |

1. 이 땅에서 당신의 부르심은 무엇이라고 생각하나요?

_____

_____

_____

_____

2. 부르심이 무엇인지 알고 있지만, 선뜻 나서지 못했던 적이 있나요? 그랬던 이유는 무엇인가요?

_____

_____

_____

_____

3. 당신이 이웃을 위해 기도하는 자로 부름을 받았다면, 가장 시급해 보이는 기도 제목은 무엇인가요?

_____

_____

_____

_____

왕후 에스더는 정확히 어떻게 승리했나요? 에스더 7장에서 볼 수 있듯이, 에스더는 아하수에로 왕과 하만을 잔치에 초청했습니다. 그 잔치에서 왕은 에스더의 소청이 무엇이든지, 곧 나라의 절반이라 할지라도 주겠다고 약속했죠. 그러자 에스더는 왕이 좋게 여기시면, 자신의 생명과 자기 민족의 생명을 구해 달라고 간청했습니다. 물론 왕은 분노했고, 감히 에스더를 해치려는 일을 심중에 품은 자가 누구인지 물었습니다. 이에 에스더는 하만을 원수로 지목했고, 모르드개를 매달려고 한 나무에 결국 하만이 달리게 되었죠. 하만은 유대 민족을 진멸하려다가, 끝내 자멸하고 말았습니다. 이를 말씀은 이렇게 증거합니다. "사람이 무엇으로 심든지 그대로 거두리라"(갈 6:7).

WEEK **28**

| 제28주 |

굳게 지킵시다

| 하루 말씀 |

- **첫째 날: 욥기 1–3장**
- 둘째 날: 욥기 4–7장
- 셋째 날: 욥기 8–11장
- 넷째 날: 욥기 12–14장
- 다섯째 날: 욥기 15–17장
- 여섯째 날: 욥기 18–21장
- 일곱째 날: 놓친 말씀 따라잡기

욥기는 온전하고 정직하여 하나님을 경외하며, 악에서 떠난 자의 이야기를 담은 성경입니다. 욥은 부와 명성을 가진 사람이었습니다. 그는 아들 일곱과 딸 셋을 두었고, 아들들은 각자 자기 집을 갖고 있을 만큼 부유했죠. 또한, 욥은 수많은 가축을 소유했고, 여러 사람 중에 가장 훌륭한 자라는 칭송도 받았습니다. 그러던 중, 천국에서는 하나님과 그 앞에 나온 사탄 사이에 대화가 오갔습니다. 사탄은 아무리 의로운 사람이라도, 자기가 하나님께 등을 돌리게 할 수 있다고 생각했습니다. 그러자 하나님은 이렇게 물으셨죠. "네가 내 종 욥을 주의하여 보았느냐"(욥 1:8). 이후로 사탄은 욥을 집요하게 파고들었습니다. 하나님의 허락이 떨어지기가 무섭게, 사탄은 욥의 모든 소유물을 쳤습니다. 욥은 집과 소유물, 자녀와 건강까지 모두 잃었지만, 하나님을 향한 믿음은 잃지 않았습니다. 인생의 벼랑 끝에 내몰린 채, 욥은 자신의 의로움과 온전함, 정직함을 시험받는 상황에 직면했습니다.

종기가 난 욥은 재 가운데 앉아, 질그릇 조각으로 몸을 긁고 있었습니다. 이 모습을 본 아내가 마침내 욥에게 소리쳤습니다. "당신이 그래도 자기의 온전함을 굳게 지키느냐 하나님을 욕하고 죽으라"(욥 2:9). 이런 발언을 한 아내를 탓하기 전에, 우리는 욥 혼자만 이런 고난 가운데 있지 않다는 사실을 기억해야 합니다. 욥의 아내도 아내 몫의 고통을 짊어지고 있었습니다. 두 사람은 부부였습니다. 욥이 잃은 모든 것을 아내도 똑같이 잃었습니다. 죽은 열 남매는 아내의 자식이기도 했고, 무너진 집에서는 아내도 같이 살았습니다. 그런데 이제는 종기로 육신이 썩어 가는 남편을 눈앞에 두고 있습니다. 당시 여성은 재산을 가질 수 없었습니다. 모든 소유는 남편에게 속해 있었죠. 아내는 이 모든 참담한 상황을 끝내고 싶었기에, 남편에게 하나님을 저주하고 죽으라고 했던 것입니다.

저도 여성으로서, 욥의 아내 마음이 충분히 이해가 갑니다. 그런 상황이라면, 저조차도 욥의 아내처럼 말했을지도 모르겠습니다. 하늘이 무너져 내리는 듯한 상실감에 빠지면, 그 누구든 자기의 감정을 주체하기가 어려우니까요. 그러나 이런 역경 속에서도, 당신이 중심을 굳게 지키기를 바랍니다. 욥의 모습을 본받읍시다. 아내의 모진 말에도, 믿었던 친구들의 정죄에도, 모든 것을 잃고 병들어 죽게 된 상황에서도 하나님을 의지하고, 자신의 온전함을 굳게 지키기로 결심한 욥처럼 말이죠.

사랑하는 우리 자매님들, 가정이나 직장에 어떤 문제가 생기든, 여러분은 꼭 그 자리를 굳게 지켜야 합니다. 가족과 자녀, 배우자는 당신이 중심을 굳게 지키리라 믿고 있습니다. 마귀는 간교합니다. 당신의 결혼 생활과 자녀, 재산과 육신을 쳐서, 당신이 스스로 목숨을 끊거나 하나님을 버리게 합니다. 그러나 그런 때일수록 더욱더 고집스럽게 하나님을 의지해야만 합니다. 당신의 삶을 향한 하나님의 계획을 끝까지 믿으면서 말이죠. 어떤 시험을 당하든지, 당신의 온전함을 굳게 지킵시다.

| 묵상 포인트 |

1. 마귀의 공격은 다양합니다. 그중에 당신이 하나님을 버릴 생각까지 하게 만들었던 공격이 있나요?

_____

_____

_____

_____

2. 당신의 삶을 진심으로 포기하고 싶었던 때가 있었나요? 그 상황을 어떻게 극복했나요?

_____

_____

_____

_____

3. 만약 당신이 욥의 아내였다면, 남편을 어떻게 위로하고 격려해 주었을까요?

_____

_____

_____

_____

 욥이 재 가운데 앉아서 질그릇 조각을 가져다가 몸을 긁고 있더니 그
의 아내가 그에게 이르되 당신이 그래도 자기의 온전함을 굳게 지키느
냐 하나님을 욕하고 죽으라 그가 이르되 그대의 말이 한 어리석은 여자
의 말 같도다 우리가 하나님께 복을 받았은즉 화도 받지 아니하겠느냐
하고 이 모든 일에 욥이 입술로 범죄하지 아니하니라(욥 2:8-10).

| 제29주 |

이해를 뛰어넘는 믿음

| 하루 말씀 |

- 첫째 날: 욥기 22-24장
- 둘째 날: 욥기 25-28장
- 셋째 날: 욥기 29-31장
- 넷째 날: 욥기 32-35장
- 다섯째 날: 욥기 36-39장
- **여섯째 날: 욥기 40-42장**
- 일곱째 날: 놓친 말씀 따라잡기

지난주부터 우리는 욥의 삶을 들여다보고 있습니다. 욥기 1장과 2장에서는 욥의 고난을 함께 지켜봤죠. 그 고난의 시간 동안, 하나님께서는 욥에게 침묵하셨습니다. 게다가 2장부터 37장에 이르기까지도 욥은 하나님의 응답을 듣지 못합니다. 오히려 믿었던 친구들에게 정죄를 당하죠. 세 친구는 욥이 응당 받을 벌을 받고 있다고 믿었습니다. 욥은 2장부터 37장을 아우르는 말씀 내내 정죄를 당하며, 때로는 자신이 죽기를 바랍니다. 그러나 욥은 마침내 하나님께서 그에게 말씀하실 때까지, 그 모든 시간을 견디어 냈습니다. 하나님께서는 욥에게 당신의 창조 사역을 되짚어 주시며, 욥이 미처 알지 못했던 하나님이 어떤 분이신지, 또 만물의 창조주가 누구인지 똑똑히 알려 주셨습니다.

욥기 마지막 장에서, 욥은 마음에 변화를 받게 됩니다. 모든 상황을 능가하는 하나님의 폭포수 같은 말씀을 듣고 나자, 이제는 하나님께 고백할 때임을 깨닫습니다. 이 시점에도 욥은 얼마간 고난을 겪습니다. 그리고 자신의 삶이 진실로 하나님께 속해 있는지 확인을 받고 싶어 하죠. 욥은 만물의 근원이신 하나님께 절박한 심정과 참회하는 마음으로 나아갑니다. 앞으로 욥은 더는 자기를 불쌍하다고 생각하지 않을 것입니다. 자신의 처지에 분노하지도 않을 거고요. 이제 욥의 마음은 겸손과 회개로 새롭게 하심을 입을 것입니다.

욥기 42장 5절에서 6절에, 욥은 이렇게 말합니다. "내가 주께 대하여 귀로 듣기만 하였사오나 이제는 눈으로 주를 뵈옵나이다 그러므로 내가 스스로 거두어들이고 티끌과 재 가운데에서 회개하나이다". 욥은 미루어 판단했고, 해서는 안 될 말도 했습니다. 태에서 죽어 나왔어야 했다며 자신을 몇 번이나 저주했고, 하나님과 변론하여 공정한 재판을 받으려고도 했습니다. 그러나 욥은 회개해야 했습니다. 타인에 의해 믿음이 흔들렸고, 하나님을 의심했던 자신을 깨달았기 때문이죠. 욥의 회개를 간단히 표현하자면 이렇습니다. "저는 하나님께서 주 여호와이신 줄을 알지 못했습니다. 그러나 이제 알겠습니다. 고통 중에 나를 지키시는 이가 주 여호와이신 줄을 헤아리지 못했습니다. 그러나 이제 알겠습니다. 제가 어떠한 형편에 있든지, 복을 주시는 이가 주 여호와이신 줄을 깨닫지 못했습니다. 그러나 이제 알겠습니다."

우리는 다른 사람의 말에 휘둘리며 인생을 낭비할 필요가 없습니다. 우리 인생의 통치자가 누구인지 알고 있으면 됩니다. 하나님의 말씀이 진리라는 것과 그 말씀은 헛되이 되돌아오지 않는다는 것을 알아야 합니다. 설령 십 년 전에 말씀하셨다 해도 상관없습니다. 하나님은 말씀하신 바를 반드시 실행하는 분이니까요. 또한, 꼭 기억해야 할 것이 있습니다. 하나님께서는 어제나 오늘이나 변함없이, 당신을 위해 예비하신 것들을 차곡차곡 쌓고 계신다는 것을 말이죠. 비록 당신이 욥처럼 모든 것을 잃었더라도요. 다 이해되지 않을지도 모릅니다. 그러나 그런 때일수록 우리에게는 우리의 이해를 뛰어넘는 믿음이 필요합니다.

| 묵상 포인트 |

1. 욥은 고난을 당하고, 하나님께서 침묵하시는 시간을 보냈습니다. 당신도 하나님의 침묵을 경험해 본 적이 있나요? 그 시간을 어떻게 이겨 냈나요?

_____

_____

_____

_____

2. 고난은 우리의 판단을 흐리게 합니다. 하나님께서 이미 말씀하신 것보다 다른 사람이 했던 말을 더 믿었던 적이 있나요?

_____

_____

_____

_____

3. 당신이 알고, 믿는 하나님은 어떤 분이신가요?

_____

_____

_____

_____

　욥이 고난의 풀무를 통과하는 중에도, 하나님께서는 여전히 욥에게 내릴 축복을 계획하고 계셨습니다. 욥은 티끌과 재 가운데에서 회개했고, 하나님께서는 그에게 이전 모든 소유보다 갑절이나 주셨습니다. 말씀은 이렇게 증거하죠. "여호와께서 욥의 말년에 욥에게 처음보다 더 복을 주시니 그가 양 만 사천과 낙타 육천과 소 천 겨리와 암나귀 천을 두었고"(욥 42:12). 그 후에 욥은 백사십 년을 살며 아들과 손자 사 대를 보았고, 장수하여 많은 해를 누리다가 생을 마감했습니다.

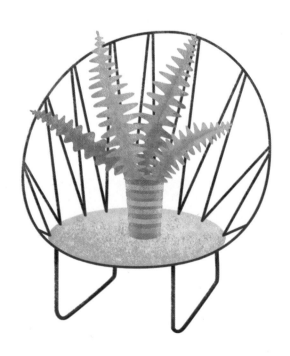

WEEK **30**

| 제30주 |

예수님의 운명,
마리아의 사명

| 하루 말씀 |

- 첫째 날: 요한복음 1-4장
- 둘째 날: 요한복음 5-8장
- 셋째 날: 요한복음 9-11장
- **넷째 날: 요한복음 12-15장**
- 다섯째 날: 요한복음 16-18장
- 여섯째 날: 요한복음 19-21장
- 일곱째 날: 놓친 말씀 따라잡기

요한복음 12장 1절에서 11절은 귀감이 된 한 여인의 이야기입니다. 예수님께서는 이날 베다니 나병 환자 시몬의 집에 계셨습니다. 거기에는 예수님의 열두 제자와 세 남매, 즉 마리아와 마르다, 나사로까지 모두 모여 있었죠. 그중에 바로 마리아가 예수님의 마음을 흡족하게 했습니다. 이후 마리아의 여생은 완전히 달라지죠. 마리아는 말하고, 허락을 구하고, 또 자신의 행동을 사과하는 데 시간을 낭비하지 않았습니다. 오로지 예수님께 향유를 부을 생각으로 가득 차 있었으니까요. 마리아는 사람들과 어울리려고 거기 와 있는 것이 아니었습니다. 예수 그리스도의 발에 지극히 비싼 향유를 붓고, 자기 머리털로 예수님의 발을 닦으러 와 있었던 것이죠. 마리아는 예수님의 장래 일을 알았던 것이 분명합니다. 예수님께서 죄인처럼 십자가에 달리실 것을 알고 있었기에, 향유를 부어 예수님의 장례를 치르고자 했던 것이고요. 이 특별한 날, 예수님의 운명과 마리아의 목적은 한데 만나게 되었습니다. 마리아가 여자라서 문제 될 것은 없었습니다. 예수님의 장례를 위해, 마리아는 섭리를 따라 그 순간 바로 그 자리에 있었던 것입니다.

당신은 당신의 목적이 무엇인지 알고 있나요? 우리가 선한 영향을 끼치는 사람이 되려면, 먼저 우리가 어떤 목적을 가졌는지 알아야 합니다. 하나님께서 낮을 위해 태양을, 밤을 위해 달을 창조하셨듯이, 우리 각자도 어떤 특별한 목적을 위해 창조되었습니다. 우리가 어떤 과거를 가졌고, 어디 출신인지는 중요하지 않습니다. 하나님께서는 오직 우리만이 해낼 수 있는 사명을 완수하도록 우리를 창조하셨으니까요. 하나님의 목적을 따라 살 때, 우리의 삶 자체가 더욱 의미 있습니다. 그러니 당신의 사명이 무엇이든, 지금 바로 시작해 보세요.

그 사명이 예수님을 가르치고 전하는 것인가요? 어서 해 봅시다. 저소득층의 생계유지에 보탬이 되는 사업을 할 생각인가요? 당장 시작해 보세요. 믿지 않는 자를 믿음 앞으로 인도하고, 전도하는 것인가요? 바로 움직여 봅시다. 하나님을 찬양하는 것인가요? 망설임 없이 찬양해 봅시다. 당신은 아무 목적 없이 창조된 것이 아닙니다. 하나님 나라에 선한 영향력을 끼치기 위해 창조되었죠. 그 사명을 따라 살며, 하나님 나라의 역사를 만들어 가는 주역들로 창조된 것입니다. 당신이 사명자라는 믿음으로 맡은 사명을 다할 때, 주변 사람들의 삶도 놀랍도록 변화될 것입니다.

| 묵상 포인트 |

1. 당신의 목적 또는 사명이 무엇인지 알고 있나요?

_____

_____

_____

_____

2. 그 목적과 사명을 완수하지 못하도록, 당신을 방해하는 것이 있나요? 있다면, 무엇인가요?

_____

_____

_____

_____

3. 당신이 다른 사람과 함께 이루어야 하는 공동의 사명, 혹은 목표가 있나요? 협력하는 사람(들)은 누구인가요?

_____

_____

_____

_____

| 적용 포인트 |

1. 당신이 창조된 목적이 무엇인지 마음으로 그리며 찾아보세요.

2. 목적을 달성하기 위한 계획을 세우고, 그 계획의 일부라도 차근히 수행해 보세요.

3. 다른 사람과 함께해 나갈 공동 목표가 있다면, 이번 주에 만나서 실현 가능한 과정을 논의해 봅시다.

WEEK **31**

| 제31주 |

때가 이르매

| 하루 말씀 |

- **■ 첫째 날: 전도서 1-4장**
- ■ 둘째 날: 전도서 5-8장
- ■ 셋째 날: 전도서 9-12장
- ■ 넷째 날: 시편 97-100장
- ■ 다섯째 날: 시편 101-103장
- ■ 여섯째 날: 시편 104-106장
- ■ 일곱째 날: 놓친 말씀 따라잡기

전도서는 솔로몬이 기록한 시집과도 같습니다. 솔로몬은 해 아래에서 수고하는 모든 일에는 다 정해진 때가 있다는 말로 서두를 엽니다. 전도서 3장 2절에서 8절은 세상사의 근본인 속성을 서로 대비하여 묘사하고 있습니다. 좋은 일이 생기면, 나쁜 일도 일어날 수 있습니다. 아침마다 날이 밝듯이, 밤도 분명히 찾아옵니다. 매년 여름이 찾아오듯이, 겨울이 돌아올 것도 분명하죠. 그것이 하나님께서 미리 정하신 질서입니다. 물론 어느 누가 고통과 궁핍에 처하고 싶을까마는, 누구에게나 그런 시간도 찾아오기 마련입니다. 그러나 다행인 것은 그 불행이 지속되지는 않을 거라는 것이죠. 베드로전서 1장 6절은 이렇게 말씀합니다. "그러므로 너희가 이제 여러 가지 시험으로 말미암아 잠깐 근심하게 되지 않을 수 없으나 오히려 크게 기뻐하는도다". 왜 그럴까요? 다 때가 있기 때문입니다.

우리가 겪는 모든 일은 하나님의 계획하심 가운데 있습니다. 우리는 항상 은혜와 평강의 때를 기다리고 있지만요. 하나님의 시간표를 받아들여야 합니다. 하나님은 가장 정확한 때에, 가장 적절한 일을 행하는 분이기 때문이죠. 전도서 3장 9절에서 11절은 이렇게 증거합니다. "일하는 자가 그의 수고로 말미암아 무슨 이익이 있으랴 하나님이 인생들에게 노고를 주사 애쓰게 하신 것을 내가 보았노라 하나님이 모든 것을 지으시되 때를 따라 아름답게 하셨고 또 사람들에게는 영원을 사모하는 마음을 주셨느니라 그러나 하나님이 하시는 일의 시종을 사람으로 측량할 수 없게 하셨도다". 사실, 우리는 하나님의 생각을 이해할 만한 힘도 지식도 전혀 없습니다. 무한한 하나님의 지혜를 우리는 헤아릴 수조차 없죠. 하나님이 무엇을 행할지, 어떻게 행할지도 전혀 알 수 없고요. 우리는 단지 하나님의 타이밍과 그 계획을 굳게 믿을 뿐입니다.

당신이 한때를 이겨 낼 수 있다면, 결국은 다음 때도 넉넉히 받아들이게 될 것입니다. 궁핍의 때를 극복할 수 있다면, 하나님은 당신을 풍족의 때로 옮겨 주실 것입니다. 병상의 때를 통과할 수 있다면, 하나님은 당신을 건강의 때로 인도하실 거고요. 침묵의 때를 지나갈 수 있다면, 하나님은 당신을 계시의 때로 맞이할 것입니다. 그러나 그 모든 때를 지나며, 당신은 하나님을 신뢰해야만 합니다. 어떤 일이 있어도, 좌절하거나 낙심하지 마세요. 그 대신 바울이 쓴 갈라디아서 6장 9절 말씀을 떠올려 보세요. "우리가 선을 행하되 낙심하지 말지니 포기하지 아니하면 때가 이르매 거두리라". 당신이 지금 어떤 때를 보내고 있든지, 그 시절이 지나고 반드시 또 다른 때가 이를 것입니다.

| 묵상 포인트 |

1. 인생에는 다양한 때가 있습니다. 당신이 받아들이기 가장 힘들었던 때는 언제였나요?

_____

_____

_____

_____

2. 당신은 그런 힘든 때를 어떻게 견디어 냈나요?

_____

_____

_____

_____

3. 앞으로 하나님께서 예비하신 때를 만날 때마다, 당신은 어떠한 자세로 그 시기를 보낼 생각인가요?

_____

_____

_____

_____

　범사에 기한이 있고 천하만사가 다 때가 있나니 날 때가 있고 죽을 때가 있으며 심을 때가 있고 심은 것을 뽑을 때가 있으며 죽일 때가 있고 치료할 때가 있으며 헐 때가 있고 세울 때가 있으며 울 때가 있고 웃을 때가 있으며 슬퍼할 때가 있고 춤출 때가 있으며 돌을 던져 버릴 때가 있고 돌을 거둘 때가 있으며 안을 때가 있고 안는 일을 멀리할 때가 있으며 찾을 때가 있고 잃을 때가 있으며 지킬 때가 있고 버릴 때가 있으며(전 3:1-6).

WEEK **32**

| 제32주 |

이 얼마나 큰 사랑인가요!

| 하루 말씀 |

■ **첫째 날: 아가 1-4장**
■ **둘째 날: 아가 5-8장**
■ 셋째 날: 시편 107-110장
■ 넷째 날: 시편 111-116장
■ 다섯째 날: 시편 117-119장
■ 여섯째 날: 시편 120-128장
■ 일곱째 날: 놓친 말씀 따라잡기

 아가서는 열렬한 사랑에 빠진 한 남녀 간의 연정을 노래한 시가서입니다. 서로를 향한 열정뿐만 아니라, 둘 사이의 성적인 욕망도 구체적으로 묘사되어 있죠. 남자는 사랑하는 여인에게 이렇게 노래합니다. "네 입술은 홍색 실 같고 네 입은 어여쁘고 너울 속의 네 뺨은 석류 한 쪽 같구나 …… 네 두 유방은 백합화 가운데서 꼴을 먹는 쌍태 어린 사슴 같구나"(아 4:3, 5). 그러나 남자는 자신의 사랑이 육체적인 이끌림을 넘어서는 사랑이라고 단언합니다. "너는 나를 도장 같이 마음에 품고 도장 같이 팔에 두라 사랑은 죽음 같이 강하고 질투는 스올 같이 잔인하며 불길 같이 일어나니 그 기세가 여호와의 불과 같으니라 많은 물도 이 사랑을 끄지 못하겠고 홍수라도 삼키지 못하나니 사람이 그의 온 가산을 다 주고 사랑과 바꾸려 할지라도 오히려 멸시를 받으리라"(아 8:6-7). 사랑은 위험하지만, 동시에 삶에 활력을 불어넣습니다. 사랑은 상처를 주기도 하지만, 또한 그 상처를 싸매기도 하죠. 이 서정시는 참으로 복잡한 것이 사랑이지만, 또한 그 사랑이 얼마나 큰 만족감을 주는지 여실히 보여 줍니다. 그러나 가장 중요한 진리는 바로 '사랑'이 하나님의 선물이라는 것입니다. 그 자체로 우리의 지식을 뛰어넘고 사랑이 풍성하시며, 또한 스스로 만족하신 하나님, 바로 그분의 선물이 '사랑'이라는 것이죠.

남녀 간의 애정을 노래한 이 시가서가 하나님의 사랑을 상징적으로 드러냈다고 보는 사람들이 많습니다. 하나님께서 그의 아들을 십자가에 죽게 하실 만큼, 우리를 얼마나 열렬히 사랑하시는지 보여 준다는 것이

죠. 하나님의 사랑을 아름다운 사랑 이야기에 비유해 표현했다는 사실이 흥미롭지 않나요? 어느 누가 멋진 사랑 이야기를 싫어할까요? 누군가가 당신에게 절대적이며 조건 없는 사랑을 퍼붓고 있다는 생각만으로도 너무나 소중하고요.(물론 남자도 마찬가지죠!) 많은 여성분은 사랑하는 이의 외모를 열정적으로, 또 수많은 미사여구로 묘사하며 관심을 표현합니다. 아가서는 우리에게 그런 사랑을 더욱더 갈망하게 하죠.

　믿으실지 모르겠지만, 우리를 향하신 하나님의 사랑이 바로 그렇습니다. 모든 허물을 담당할 독생자를 내어 주시기까지, 우리를 열렬히, 전적으로 사랑하시는 사랑입니다. 비록 우리는 하나님을 부인하고 멀리 떠나갔지만, 하나님은 우리를 끝까지 추적하여 그 구원의 사랑을 증명해 내셨습니다. 그러므로 사랑이 없다는 기분에 사로잡힐 때마다, 아가서와 하나님의 놀라운 사랑을 생각해 봅시다. 이 얼마나 큰 사랑인가요!

| 묵상 포인트 |

1. 하나님을 향한 당신의 사랑을 말로 묘사해 볼까요?

_____

_____

_____

_____

2. 다른 사람에게 하나님의 사랑을 설명해 본다면, 그 사랑을 어떻게 표현할 수 있을까요?

_____

_____

_____

_____

3. 지난 한 주간, 하나님은 당신에게 어떤 사랑을 베풀어 주셨나요?

_____

_____

_____

_____

| 적용 포인트 |

잠시 시간을 내어, 하나님과 당신의 '사랑 관계'에 대해 생각해 보세요. 그리고 하나님과 당신만의 사랑 이야기를 적어 보세요. 인격적으로 하나님을 만난 때는 언제였나요? 그 첫 만남 때, 당신의 상황과 상태는 어땠나요? 마침내 하나님을 내 구주로 믿었던 때는 언제였나요? 또한, 하나님에 대한 당신의 사랑을 앞으로 어떻게 증명해 나갈 건가요?

WEEK **33**

| 제33주 |

저는 부족하지만,
제가 가겠습니다

| 하루 말씀 |

- 첫째 날: 이사야 1-4장
- **둘째 날: 이사야 5-8장**
- 셋째 날: 이사야 9-12장
- 넷째 날: 이사야 13-16장
- 다섯째 날: 이사야 17-20장
- 여섯째 날: 이사야 21-24장
- 일곱째 날: 놓친 말씀 따라잡기

 이사야서 6장에는 이사야가 선지자로 부르심을 받는 장면이 등장합니다. 때는 웃시야 왕이 죽던 해였죠(740 BC). 이사야는 이제 비로소 하나님께 전적으로 순종하며, 하나님의 말씀을 직접 받는 자로 서게 되었습니다.

어느 날 환상 중에, 이사야는 주께서 높이 들린 보좌에 앉으시고 그의 옷자락은 성전에 가득한 모습을 목격했습니다. 여호와를 모시는 천사들은 그 주위에서 이렇게 노래하고 있었죠. "거룩하다 거룩하다 거룩하다 만군의 여호와여 그의 영광이 온 땅에 충만하도다"(사 6:3). 하나님의 임재가 얼마나 강력했는지, 문지방의 터가 요동하고 성전에 연기가 충만했습니다. 또한, 그 임재 앞에 이사야는 즉시 자신의 부정함을 깨닫고, 만군의 여호와이신 왕을 뵐 수 없는 자라고 느꼈습니다. 이사야는 이렇게 고백했죠. "화로다 나여 망하게 되었도다 나는 입술이 부정한 사람이요 나는 입술이 부정한 백성 중에 거주하면서 만군의 여호와이신 왕을 뵈었음이로다"(사 6:5). 다시 말해, "저는 범죄했고, 더러운 말을 일삼았습니다. 그런데 주 여호와께서 어찌 저 같은 자에게 나타나 보이십니까?"라는 것이죠. 이사야는 하나님의 감히 범접할 수 없는 그 거룩함을 알고 있었습니다.

우리가 하나님의 실체를 깨달을 때, 하나님은 우리 자신을 돌아보게 하실 것입니다. 각자가 범한 죄의 민낯을 똑똑히 보게 하시죠. 하나님의 임재 앞에서, 그 완전하고 거룩한 빛에 비친 모습이 바로 우리의 진짜 모습입니다. 보고 있기가 힘들죠. 우리가 잘못을 저질렀고, 하나님의 뜻을 저버렸다고 인정하기도 힘들고요. 그러나 당신이 누군가를 돕고 이끄는 입장에 서게 된다면, 자신에게 솔직해져야 합니다. 즉 스스로 결점이 있다는 사실을 인정해야 하죠. 그리고 그 결점을 바꾸기로 결단해야 하고요. 그 누구도 완벽하지 않습니다. 이 육신을 덧입고 있는 한, 그 누구도 완벽해질 수 없고요. 그러나 우리는 하나님의 임재 가운데 씻음을 받고, 온전한 믿음으로 나아가야 합니다. 그래서 하나님의 부르심을 입은 자로 준비되어야 하죠.

당신에게 맡겨진 영혼이 있습니다. 당신이 전한 말로 믿음을 얻게 될 영혼도, 당신의 전도로 구원받을 영혼도 있습니다. 당신의 간증을 기다리는 그 누군가가, 저 어딘가에 아직도 많습니다. 이사야는 자신을 '입술이 부정한' 사람이라고 했지만, 결국 하나님의 부르심 앞에 위대한 선지자로 거듭났습니다. 우리도 역시 불완전합니다. 그럼에도 하나님은 우리를 사랑하시죠. 어떠한 모양으로든지, 하나님의 영광을 위해 우리를 넉넉히 쓰실 것입니다.

| 묵상 포인트 |

1. 하나님과 성도들에게 봉사할 가치가 없다고 느꼈던 적이 있나요? 어떤 이유 때문이었나요?

_____

_____

_____

_____

2. 이사야처럼 환상 중에 혹은 꿈속에, 당신도 하나님을 만났던 적이 있나요? 그 상황을 묘사해 볼까요?

_____

_____

_____

_____

3. 우리 모두에게는 하나님께서 맡기신 영혼이 있습니다. 당신이 생각하기에, 그 영혼, 즉 복음을 전해야 할 사람은 누구인가요?

_____

_____

_____

_____

그것을 내 입술에 대며 이르되 보라 이것이 네 입에 닿았으니 네 악이 제하여졌고 네 죄가 사하여졌느니라 하더라 내가 또 주의 목소리를 들으니 주께서 이르시되 내가 누구를 보내며 누가 우리를 위하여 갈꼬 하시니 그때에 내가 이르되 내가 여기 있나이다 나를 보내소서 하였더니(사 6:7-8).

WEEK **34**

| 제34주 |

이제 시작입니다

| 하루 말씀 |

- 첫째 날: 이사야 25-27장
- 둘째 날: 이사야 28-31장
- 셋째 날: 이사야 32-35장
- 넷째 날: 이사야 36-39장
- 다섯째 날: 이사야 40-42장
- **여섯째 날: 이사야 43-46장**
- 일곱째 날: 놓친 말씀 따라잡기

이사야서 말씀을 보면, 하나님께서는 자신이 만군의 하나님이며, 그 외에 다른 신이 없음을 선지자를 통해 백성에게 알려 주십니다. 하나님만이 인간사를 전적으로 통치하고 있다는 사실을 거듭 강조하시죠. 하나님께서는 유다 민족에게 또 이렇게 말씀하십니다. "너희는 이전 일을 기억하지 말며 옛날 일을 생각하지 말라"(사 43:18).

하나님께서는 과거의 괴로움과 수고로움에 얽매이지 말라고 유다 백성을 격려하셨습니다. 그 말씀은 오늘날 우리에게도 동일하게 적용됩니다. 하나님은 우리가 과거에 묶여 있기를 원치 않습니다. 과거의 상처와 분노, 아픔이라는 '쓴 뿌리'만 보고 있을 것이 뻔하기 때문이죠. 우리는 과거를 평가할 수 있습니다. 과거로부터 배울 수 있으니까요. 그러나 과거에 매여 있을 수는 없습니다. 《메시지》 성경은 이사야 43장 18절을 이렇게 번역합니다. "지금까지 있었던 일들은 잊어라. 지나간 역사에 연연하지 마라." 심지어 예수님도 누가복음 9장 62절에 이렇게 말씀하십니다. "예수께서 이르시되 손에 쟁기를 잡고 뒤를 돌아보는 자는 하나님의 나라에 합당하지 아니하니라 하시니라".

그러니 앞을 향해 나아가게 해 달라고 하나님께 도움을 구해야 합니다. 과거는 과거에 놔두어야, 하나님께서 당신을 다음 목적지로 이끄실 수 있습니다. 우리는 편안하고 익숙한 현실에 안주할 때가 너무나 많습니다. 그러나 언젠가는 옛것이 아닌, 새 일을 향해 나아가야 할 때가 찾아옵니다. 예를 들면, 직원에서 관리자로, 순회 선교사에서 목회자로,

혹은 미혼에서 결혼과 엄마로 변해 가는 때를 말하죠.

당신은 다음을 향해 마음의 문을 열어야 합니다. 마음의 준비를 단단히 해야 하죠. 스스로 동기 부여를 할 수 있어야 하고요. 저 앞에 더 큰 것이 당신에게 예비되어 있다는 사실을 깨달아야 합니다. 우선 저는 하나님의 여정을 따라갈 준비가 되어 있습니다. 저는 그저 주저앉아 있고 싶지 않아요. 정체되어 있기도 싫고요. 하나님께서 다음 장소를 예비하셨다면, 저는 바로 갈 준비가 되어 있습니다. 우리는 옛적 일에 매여, 언제까지나 비통에 빠져 있을 수 없습니다. 이제 새 일을 향해 나아갈 때입니다. 앞으로 전진할 때예요. 만약 그때가 오늘이라면, 당신의 다음 여정은 이제 시작이라는 것을 알려 주고 싶네요!

| 묵상 포인트 |

1. 당신의 다음 여정은 어디라고 생각하나요? 그리고 어떤 일이 기다리고 있다고 믿나요?

_____

_____

_____

_____

2. 당신을 얽어매어 현실에 안주하게 만드는 것은 무엇인가요?

_____

_____

_____

_____

3. 다음 단계로 나아가기 위해, 당신이 구상하고 있는 계획, 혹은 전략은 무엇인가요?

_____

_____

_____

_____

| 나를 위한 기도 |

　사랑하는 하나님, 옛적 일은 잊고, 과거는 과거에 묻어 둘 수 있게 도와주세요. 하나님과 함께 나아가는 길에 오직 주만 바라볼 수 있도록 저를 붙들어 주세요. 하나님의 뜻을 올바로 분별할 수 있기를 간구합니다. 하나님의 인도하심을 믿으며, 저에게 주어진 새 일을 받아들일 수 있게 도와주세요. 맡기신 모든 일에 부족함이 없도록, 제게 힘과 능력을 주실 줄로 믿습니다. 예수님의 이름으로 기도합니다. 아멘.

WEEK **35**

| 제35주 |

큰마음을 가집시다

| 하루 말씀 |

- 첫째 날: 이사야 47-49장
- 둘째 날: 이사야 50-53장
- **셋째 날: 이사야 54-57장**
- 넷째 날: 이사야 58-60장
- 다섯째 날: 이사야 61-63장
- 여섯째 날: 이사야 64-66장
- 일곱째 날: 놓친 말씀 따라잡기

하나님께서는 이사야 54장에서, 바벨론에 포로로 잡혀 와 70년간 유배되었던 이스라엘 백성에게 말씀하십니다. 그간 약속을 따라 살지 않은 이스라엘 백성을 책망하시며, 그들을 향해 "잉태하지 못하며 출산하지 못한 너"라고 부르십니다. 영적으로 침체하고 전혀 성장하지 못했다는 것이죠. 물론 이스라엘 백성은 풍요로운 미래를 약속받았지만, 하나님 나라의 백성으로서는 그 당시 전혀 결실이 없었습니다.

지금보다 더 많은 것을 이루어 내야 하는데, 턱없이 부족합니다. 잠재력을 마음껏 발휘하지 못한다는 생각도 듭니다. 이러면 당신의 마음은 어떤가요? 영적인 침체는 당신을 패배감과 무력감에 빠트릴 수 있습니다. 모든 도구가 갖추어져 있지만, 정작 그것들이 제대로 작동하지 않는 것과 같죠. 당신이 모든 능력과 자질을 가졌지만, 별다른 성과가 없다는 것입니다. 그러면 당신은 어떻게 해야 할까요?

이사야는 이스라엘 자손에게 약속의 말씀을 따라 준비하라고 선포했습니다. 유배된 현 상황에 안주하지 말고, 미래를 염두에 두고 채비하라고 명한 것이죠. 그러려면 이스라엘은 현재 상태를 뛰어넘어야 했습니다. 스스로 잠재력을 깨닫고, 그것을 발휘해야 했습니다.

우리도 이 말씀을 교훈 삼아야 합니다. 자기 자신의 능력을 제한하지 말고, 한계를 넘어서기 시작해야 합니다. 사랑하는 자매님, 직접 해 보지 않고서는 당신이 얼마나 이루어 낼 수 있는지 알 수 없습니다. 자신을 바라보는 법을 바꿔야 해요. 더 큰 뜻을 품기 시작해야 합니다. 현재 상황이 당신의 꿈과 소망을 꺾어 버려서는 안 됩니다.

사실, 우리는 스스로 제한하는 경우가 많습니다. 현재 상태가 별 볼 일 없어 보이기 때문에, 큰일을 이루어 내기에는 역부족이라고 생각하죠. 수중에 자금에 없기에, 사업은 꿈도 못 꾼다고 생각할 수도 있습니다. 신용 등급이 최고가 아니라서, 내 집 마련은 불가능하다고 생각할 수도 있고요. 그러나 주시는 이도, 거두시는 이도 하나님입니다. 상황에 제한을 두는 것이 아니라, 그 상황을 제한하시고 또 제한하지 않기도 하시는 하나님을 더욱 힘써 믿으시기 바랍니다.

비록 바벨론 포로라는 백척간두에 놓인 이스라엘 자손이지만, 하나님께서는 그들에게 하나님의 뜻을 슬쩍 내비치셨습니다. 우리에게도 마찬가지입니다. 우리 마음에 뜻을 품게 하시고, 하나님께서 그 마음을 크게 넓혀 가십니다. 큰마음에 품은 그 뜻을 기점으로 당신을 준비시켜 나가실 거고요. 당신의 마음도 하나님의 뜻을 품고 있나요? 그 뜻을 품은 당신의 마음이 더욱 확장되기를 소망합니다. 큰마음을 가집시다!

1. 바벨론 포로와 같은 암담한 시절을 겪어 본 적이 있나요? 무엇이 그토록 당신을 암울하게 했나요?

_____

_____

_____

_____

2. 당신은 스스로 어떤 식으로 과소평가하고, 자신의 가능성을 제한했나요?

_____

_____

_____

_____

3. 당신의 마음에 두신 하나님의 큰 뜻은 무엇이라고 생각하나요?

_____

_____

_____

_____

"아이를 가져 본 적 없는 불임의 여인아, 노래 불러라. 너, 아이 낳아 보지 못한 여인아, 목청 높여 불러라! 결국에는 네가, 아이 있는 모든 여인보다 더 많은 아이를 갖게 되리라." 하나님의 말씀이다! …… "두려워하지 마라. 다시는 쩔쩔맬 일 없으리니. 주저하지 마라. 다시는 벽에 부딪힐 일 없으리니." (사 54:1-4, 《메시지》 성경).

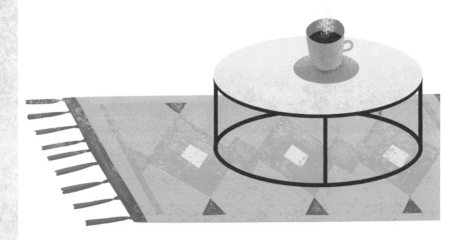

WEEK **36**

| 제36주 |

기도의 역사는
멈춤이 없습니다

| 하루 말씀 |

- 첫째 날: 사도행전 1-3장
- 둘째 날: 사도행전 4-7장
- 셋째 날: 사도행전 8-10장
- **넷째 날: 사도행전 11-14장**
- 다섯째 날: 사도행전 15-17장
- 여섯째 날: 사도행전 18-21장
- 일곱째 날: 놓친 말씀 따라잡기

사도행전 12장에, 베드로는 옥에 갇혀 있습니다. 처형을 몇 시간 남겨 두고 말이죠. 베드로는 두 군인 틈에서 두 쇠사슬에 매여 누워 있었습니다. 따라서 그가 움직이면 두 군인도 잠에서 깰 수밖에 없는 상태죠. 아무도 베드로를 구해 줄 수 없도록 쇠문은 굳게 잠겨 있고, 문밖에서는 파수꾼들이 옥을 철통처럼 지키고 있습니다. 그런데 홀연히 하나님의 천사가 나타나 베드로를 깨웠습니다. 천사가 베드로의 옆구리를 치자, 쇠사슬이 그 손에서 벗어졌죠. 천사는 베드로에게 겉옷을 입고 따라오라고 말했습니다. 그들은 첫째와 둘째 파수를 지나, 시내로 통한 쇠문에 이르렀습니다. 절대 빠져나갈 수 없도록 굳게 잠겨 있는 문이었죠. 그러나 하나님이 어떤 분인가요? 능하지 못하심이 없는, 전능하신 분입니다. 절박한 상황에 놓인 베드로에게 찾아오시고, 단단한 쇠문이 저절로 열리게 하셨습니다.

베드로가 나와서 한 거리를 지나자, 천사는 곧 떠났습니다. 베드로는 자신을 위해 여러 사람이 모여 기도하는 마리아의 집으로 갔습니다. 그가 대문을 두드리자, 로데라 하는 여자아이가 영접하러 나왔다가 베드로의 음성이라는 것을 알고 기뻐했죠. 로데가 문을 미처 열지 못하고, 모여 기도하는 사람들에게 달려가 이 사실을 알렸습니다. 그들은 네가 미쳤다며 오히려 아이에게 핀잔을 줬습니다. 베드로는 지금 옥에 갇혀 있으니, 문밖에 있는 사람은 그일 리가 없다는 것이죠.

우리도 이 말씀 앞에 찔림이 있어야 합니다. 어떻게 기도해야 할까요? 믿음으로 해야 합니다. 반신반의하는 기도란 있을 수 없습니다. 수많은 사람이 기도하지만, 의심하는 마음이 기도를 흐립니다. 불가능해 보이는 일이 가능하기를 기도하면서, 마음 한쪽에는 여전히 불가능한 일로 단정하고 있습니다. 그러나 실낱같은 희망조차 없어 보이는 일도, 하나님은 아주 수월하게 해낼 수 있는 분이십니다. 에베소서 3장 20절 말씀에서는, 하나님을 "우리 가운데서 역사하시는 능력대로 우리가 구하거나 생각하는 모든 것에 더 넘치도록 능히 하실 이"로 묘사하고 있습니다. 하나님은 당신이 구하거나 상상하는 것 이상을 이루실 수 있는 분입니다.

그러니 마음을 굳게 먹고, 기도하기를 멈추지 마세요. 기도한 지가 오래되었든, 혹은 기도 제목 자체가 어려워 보이든 신경 쓰지 마세요. 물론 하나님께서 응답해 주시지 않는 것 같아 낙담할 때가 있을 것입니다. 그러나 꼭 기억하세요. 하나님께서는 당신의 기도를 듣고 계십니다. 언제든, 어떤 식으로든 반드시 응답하실 것입니다. 당신의 기도는 헛되지 않습니다. 기도는 베드로가 옥에 갇혀 있을 때조차 주님 앞에 열납되었습니다. 기도의 역사는 멈춤이 없습니다.

| 묵상 포인트 |

1. 당신의 기도 제목 중에, 불가능해 보이는 기도 제목은 무엇인가요?

_____

_____

_____

_____

2. '하나님께 능하지 못한 일은 없다.'라는 진리를 왜 그렇게 믿기가 어려울까요?

_____

_____

_____

_____

3. 당신의 기도 시간은 어떠한가요? 시간을 정해 놓고 기도하나요, 아니면 그때그때 하는 편인가요?

_____

_____

_____

_____

| 적용 포인트 |

이번 주에는 기도 시간을 정해 놓고 기도해 보세요.

특별히 하루 시간을 내어 기도할 사람들:
1. 가족(배우자, 자녀, 형제자매, 부모님)
2. 친구들
3. 교회 식구들
4. 직장 동료
5. 지역 주민들
6. 정부 지도자들
7. 나 자신

WEEK **37**

| 제37주 |

당신은 안전합니다

| 하루 말씀 |

- ■ **첫째 날:** 사도행전 22-25장
- ■ **둘째 날: 사도행전 26-28장**
- ■ **셋째 날:** 예레미야 1-3장
- ■ **넷째 날:** 예레미야 4-6장
- ■ **다섯째 날:** 예레미야 7-11장
- ■ **여섯째 날:** 예레미야 12-15장
- ■ **일곱째 날:** 놓친 말씀 따라잡기

사도행전 27장에는 바울의 항해 여정이 기록되어 있습니다. 하나님께서 어떻게 폭풍을 이용하여 바울과 일행을 구해 주셨는지도 들여다볼 수 있죠. 바울은 복음을 전했다는 이유로 체포되었다가 항소하여, 이제 바닷길로 로마 법정에 이송되는 중입니다. 항해하기가 위태롭다고 판단한 바울은 백부장과 선원들에게 멈출 것을 권했지만, 그들은 바울의 말을 무시했죠. 결국 풍랑을 만나 사흘간 이리저리 쫓겨 다니다가, 짐과 배의 기구를 바다에 내버리는 지경까지 이르렀습니다.

다른 죄수와 병사들은 구원의 여망마저 없어져 갔지만, 바울은 그들에게 하나님의 말씀을 전해 주었습니다. 어젯밤 하나님의 사자가 바울에게 전한 말씀이었죠. 두려워하지 말라고 또한, 함께 항해하는 모든 사람이 무사히 목적지에 도착할 것이라는 약속의 말씀이었습니다. 바울은 하나님의 말씀 그대로 이루어질 테니, 모두에게 안심하라고 당부했습니다. 물론 죄수에 불과한 바울의 말은 그들로서도 믿기 힘들었을 것입니다. 그러나 풍전등화와 같은 상황 속에서, 별다른 도리가 있었을까요?

요동치며 표류하다가 열나흘째 되는 날, 마침내 배는 난파되었고 점차 물속으로 가라앉기 시작했습니다. 그러자 병사들은 죄수들이 탈출하지 못하게 그들을 죽이고자 했죠. 그때 바울은 병사들을 말리며, 죄수를 죽이면 너희도 살아남지 못할 것이라고 재차 알려 줍니다. 바울은 그의 삶을 뒤덮은 하나님의 은혜를 알았습니다. 자신이 배에 타고 있는 한, 모두가 살아남을 것이라는 사실을 알았던 것입니다. 하나님께서 그렇게 하시겠노라 말씀하셨으니까요. 그 후 백부장은 헤엄칠 수 있는 사람은 헤엄쳐 가고, 나머지 사람들은 나무 조각을 붙잡으라고 명령했습니다. 그리고 모두 무사히 해안에 당도했죠.

당신도 살아오면서, 이 난파선처럼 삶이 부서지는 경험을 해 보았을 것입니다. 차차 물이 차오르고 빠져 죽을 것 같은 심정이 들지만, 당신은 여전히 배에 있습니다. 그러다 물에 뛰어들었는데 수영할 힘은 없고, 난파선의 나무 조각을 붙잡고 간신히 해안에 닿았습니다. 당신은 난파선에서 죽을 줄 알았는데, 결국은 그 난파선을 붙들고 살아남아 지금에 와 있는 것입니다. 삶이 산산조각이 나는 경험은 끔찍했지만, 그것이 당신을 약속의 장소로 인도했습니다. 모든 역경을 뚫고 살아남았죠. 당신의 삶에 흐르는 하나님의 은혜 때문에 가능했던 것입니다.

당신은 지금 폭풍을 헤쳐 나왔을 수도 있고, 폭풍 한가운데 있을 수도 있습니다. 어쩌면 이제 막 폭풍을 향해 들어가는 중일 수도 있고요. 어떤 경우이건, 당신은 무사할 것입니다! 하나님께서 당신의 삶을 돌보시기에, 당신은 안전합니다.

| 묵상 포인트 |

1. 당신의 인생에서 폭풍 한가운데 있다고 느꼈던 때가 있나요? 그 폭풍을 어떻게 헤쳐 나왔나요?

---

2. 만일 당신의 영혼이 폭풍의 위협을 눈앞에 두고 있다면, 그 위기를 어떻게 대비 할 건가요?

---

3. 당신의 삶에서 폭풍을 만나면, 당신은 용기가 생기나요, 아니면 낙담하나요? 그 이유는 무엇인가요?

| 나를 위한 기도 |

사랑하는 하나님, 구름 한 점 없이 맑은 날이든, 폭풍이 몰아치는 날이든 모든 상황 속에서 하나님을 신뢰하게 해 주세요. 하나님의 뜻이 무엇인지 알지 못할 때가 더 많지만, 언제나 하나님의 계획을 믿음으로 붙들게 도와주세요. 지금까지 지낸 온 것은 모두 저를 향한 하나님의 은혜 때문임을 압니다. 믿음 흔들리지 않고, 하나님을 굳건히 의지할 수 있게 도와주세요. 예수님의 이름으로 기도합니다. 아멘.

WEEK **38**

| 제38주 |

수중에 두시는 은혜

| 하루 말씀 |

■ **첫째 날: 예레미야 16-19장**

■ 둘째 날: 예레미야 20-22장

■ 셋째 날: 예레미야 23-26장

■ 넷째 날: 예레미야 27-30장

■ 다섯째 날: 예레미야 31-34장

■ 여섯째 날: 예레미야 35-37장

■ 일곱째 날: 놓친 말씀 따라잡기

예레미야 18장에서, 하나님은 예레미야 선지자에게 토기장이의 집에 가 보라고 말씀하셨습니다. 예레미야는 유다 사람들을 보며 한참 낙담해 있는 상태였습니다. 그가 아무리 선포하고 예언해도, 그들은 전혀 깨닫지 못했기 때문이죠. 유다 사람들은 마치 자기들 마음대로 하기로 작정이라도 한 사람들 같았습니다. 가증한 일을 행했고, 우상을 섬겼죠. 하나님은 이 문제에 대해 할 말을 들려주고자, 예레미야를 토기장이의 집으로 보낸 것입니다.

예레미야는 그 말씀에 순종하였고, 진흙을 가지고 작업 중이던 토기장이를 보았습니다. 그러나 진흙이 그의 손에서 "터졌습니다"(렘 18:4). 토기장이가 원하는 대로 그릇이 만들어지지 않았기 때문이죠. '터진'에 해당하는 히브리어 'nishkhat'는 '손상된', '망가진', 혹은 '부패한'이라는 뜻이 있습니다. 따라서 토기장이가 손에 들고 있던 진흙은 손상되었던 것입니다. 망가진 것이죠. 그러나 이후 토기장이는 어떻게 했나요? 그 터진 그릇을 내다 버리지 않았습니다. 오히려 그것으로 자기 의견에 좋은 대로, 다른 그릇을 만들었죠.

바로 이것이 하나님께서 우리의 지나온 모든 삶에 행하신 일입니다. 우리를 하나님의 수중에 두셨습니다. 우리는 그 진흙과도 같을 때가 너무나 많습니다. 부패했죠. 손상되고 더럽혀져 망가졌습니다. 우리의 죄된 본성 때문에, 우리는 그 자체가 흠입니다. 그러나 우리의 잘못과 결점에도 불구하고, 하나님은 우리를 보존하십니다. 우리를 향한 사랑 때문에 말이죠. 우리는 간혹 반역하며, 자주 범죄합니다. 그럼에도 주권자이신 하나님은 우리를 버리지 않습니다. 오히려 독생자 예수님의 은혜로, 주인의 손에서 거듭남을 입습니다. 우리를 보존하시고, 녹로에 올리셔서 '다른 그릇'으로 만들어 주십니다.

| 묵상 포인트 |

1. 삶이 통제 불능 상태로 치닫고 있음을 깨달은 적이 있나요? 설명해 볼까요?

---

2. 그 시간 동안, 하나님의 은혜가 당신을 어떻게 보호하고 있었는지 알게 되었나요? 설명해 봅시다.

---

3. '1번 상황의 나'와 '지금의 나'를 비교하여 간증해야 한다면, 어떻게 고백할 수 있을까요?

여호와께로부터 예레미야에게 임한 말씀에 이르시되 너는 일어나 토
기장이의 집으로 내려가라 내가 거기에서 내 말을 네게 들려주리라 하
시기로 내가 토기장이의 집으로 내려가서 본즉 그가 녹로로 일을 하는
데 진흙으로 만든 그릇이 토기장이의 손에서 터지매 그가 그것으로 자
기 의견에 좋은 대로 다른 그릇을 만들더라(렘 18:1-4).

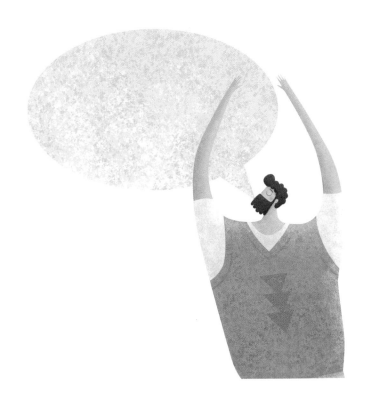

WEEK **39**

| 제39주 |

목적과 과정

예레미야 38장에서 예레미야는 아주 힘겨운 시간을 보냅니다. 하나님의 말씀을 전했다는 이유로 감옥에 갇혔지만, 그것이 예레미야의 의지를 꺾어 버리지는 못했죠. 그는 끊임없이 예언을 선포했습니다. 예루살렘 주민과 유다 사람이 회개하지 않으면, 임박한 하나님의 진노를 피할 수 없다면서 말이죠. 이를 못마땅하게 여기던 고관들은 왕께 청하여, 예레미야를 구덩이에 던져 넣자는 허락을 받아 냅니다. 당시 예레미야는 이미 감옥에 있었지만, 그들에게는 여전히 위협적인 존재로 여겨졌던 것이죠. 결국 예레미야는 빗물을 저장해 두기 위해 만들어진 큰 우물 같은 곳에 빠지게 되었습니다. 물은 없었지만, 진창이라 습하고 춥고 또한 사방이 캄캄했습니다. 추위로 죽거나 굶주려 죽거나, 어쨌든 목숨이 위태로운 지경에 이르고 말았죠.

사람들이 예레미야를 줄에 달아 구덩이로 내릴 때, 그는 침묵으로 일관했던 것 같습니다. 말씀 어디에도, 그가 사람들에게 자기 의사를 표현했다는 기록을 찾을 수 없기 때문이죠. 예레미야는 자신을 구덩이에 던져 넣는 사람들과 싸우거나, 그들에게 항변하거나 목숨을 구걸하지도 않았습니다. 예레미야 애가 말씀이 증거하듯이, 그는 오직 하나님께 부르짖었습니다. "여호와여 내가 심히 깊은 구덩이에서 주의 이름을 불렀나이다 주께서 이미 나의 음성을 들으셨사오니 이제 나의 탄식과 부르짖음에 주의 귀를 가리지 마옵소서 내가 주께 아뢴 날에 주께서 내게 가까이하여 이르시되 두려워하지 말라 하셨나이다"(애 3:55-57). 이 말씀은 예레미야가 과정에 순종하고, 믿음을 굳게 지켰음을 보여 줍니다. 그는

자신이 옳은 일을 했음에도, 결국 마주한 현실은 캄캄한 구덩이와 진흙 바닥뿐이라는 것을 알았습니다. 그래서 예레미야는 어떻게 했나요? 하나님께 부르짖었습니다.

우리도 예레미야처럼 캄캄한 곳에 놓인 자신을 마주할 때가 있습니다. 저도 그런 시기를 늘 순조롭게 헤쳐 나온 건 아닙니다. 그러나 하나님의 과정에 순종해야 한다는 것은 배웠죠. 견딜 수 없는 날에는 하나님께 부르짖으며, 제 모든 근심과 걱정을 맡겨 드렸습니다. 그럴 때 제 마음에 평화와 안정이 찾아왔죠. 하나님은 아무 목적 없이 저를 그곳에 놔둔 것이 아니었습니다. 다 뜻하신 바가 있었던 것이죠.

당신이 겪을 과정은 예레미야처럼 힘겨울 수도, 그렇지 않을 수도 있습니다. 그러나 하나님의 과정에 순응해야 한다는 것은 분명하죠. 왜 그럴까요? 그 과정은 하나님께서 당신을 훈련시키고, 성숙하게 만드는 통로이기 때문입니다. 앞으로 나아갈 진로나 다음 목회 사역을 위해 당신이 철저히 준비되는 시간일 수도 있고요. 그 시간이 마냥 좋은 것은 아니지만, 당신에게 도움이 되는 것만은 분명합니다. 잘 견디어 낸 과정 끝에서, 곧 하나님의 목적을 깨닫게 될 것이기 때문입니다. 당신의 삶에 그 모든 상황을 허용하신 목적을 말이죠.

| 묵상 포인트 |

1. 암흑과도 같은 시기를 보낸 적이 있나요? 그 상황을 어떻게 견디고 이겨 냈나요?

_____

_____

_____

_____

2. 힘겨운 과정을 지나오는 동안, 그것도 과정의 일부일 뿐이라고 간주했나요? 그 시간은 당신을 어떻게 준비시켰나요?

_____

_____

_____

_____

3. 그 과정이 지닌 목적을 발견했나요?

_____

_____

_____

_____

| 이번 주 말씀 구절 |

　나의 원수들이 이유 없이 나를 새처럼 사냥하는도다 그들이 내 생명을 끊으려고 나를 구덩이에 넣고 그 위에 돌을 던짐이여 물이 내 머리 위로 넘치니 내가 스스로 이르기를 이제는 멸절되었다 하도다 여호와여 내가 심히 깊은 구덩이에서 주의 이름을 불렀나이다 주께서 이미 나의 음성을 들으셨사오니 이제 나의 탄식과 부르짖음에 주의 귀를 가리지 마옵소서 내가 주께 아뢴 날에 주께서 내게 가까이하여 이르시되 두려워하지 말라 하셨나이다(애 3:52-57).

WEEK **40**

| 제40주 |

그저 묵묵히
진리를 전합시다

| 하루 말씀 |

- **첫째 날: 에스겔 1-3장**
- 둘째 날: 에스겔 4-7장
- 셋째 날: 에스겔 8-11장
- 넷째 날: 에스겔 12-15장
- 다섯째 날: 에스겔 16-18장
- 여섯째 날: 에스겔 19-21장
- 일곱째 날: 놓친 말씀 따라잡기

우리 모두에게는 맡겨진 사람이 있습니다. 엄마에게는 자녀가, 교사에게는 학생들이 맡겨져 있죠. 마찬가지로 목사에게는 남녀노소를 불문한 수많은 영혼이 맡겨져 있고요. 당신이 미용사라면, 매주나 매달 방문하는 단골손님들이 당신에게 맡겨진 사람들이겠죠. 그렇다면 배운 지식과 기술을 동원해서, 손님에게 최고의 모습을 선사해 주는 일이 바로 당신의 임무일 것입니다. 우리의 사명이 이것입니다. 바로 우리가 받은 것을 다른 사람에게 돌려주는 것이죠.

그러나 그렇게 돌려준다고 해서, 누구나 스펀지에 물이 스미듯이 쉽게 받아들이지는 않습니다. 어떤 때는 사람들이 귀 기울이는 것 같다가도, 또 다른 때는 전혀 귀 기울이지 않기도 하죠. 자녀도 마찬가지입니다. 어떤 때는 말을 잘 듣다가도, 또 다른 때는 헛수고가 되고 맙니다. 그렇다고 해서 옳고 그름이 무엇인지 가르치기를 그만두나요? 전혀 아니죠. 자녀에게 바른길을 보이고, 옳고 그름을 가르쳐야 할 의무가 여전히 당신에게 있습니다. 목사님 중에는 강단에서 하는 설교를 성도들이 듣고 있는지 아닌지 잘 모르겠다는 분도 계십니다. 그러나 성도들이 말씀을 듣든지 안 듣든지, 목사님은 하나님의 말씀을 전하고 가르쳐야 할 의무가 있습니다.

에스겔 2장에서 에스겔 선지자는 이런 맥락에서 하나님의 명을 받았습니다. 에스겔의 임무는 이스라엘 자손에게 하나님의 말씀을 대언하는 것이었습니다. 물론 하나님께서는 이 패역한 백성이 그 말씀을 듣지 않을 거라는 사실을 이미 너무나 잘 알고 계셨죠. 이 자손은 얼굴이 뻔뻔하고, 마음이 굳은 자라고 말씀하실 정도였으니까요. 하나님은 이 백성이 말씀을 얼마나 심하게 거부하는지, 마치 가시와 찔레가 찌르는 것처럼 쓰릴 거라고 에스겔에게 먼저 일러 주셨습니다. 그러나 이스라엘 자손은 반역할지라도, 에스겔은 그럴 수 없었습니다. 어떤 방해에도 에스겔은 말씀을 전해야 할 의무가 있었고, 그것이 그에게 부여된 임무였기 때문이죠. 에스겔이 그 임무를 다하지 않으면, 하나님은 이스라엘의 피 값을 에스겔에서 찾을 것입니다.

에스겔에게 맡겨진 임무를 생각하니, 우리에게 맡겨진 임무도 자연히 떠오르게 됩니다. 우리는 때로 괜한 의무감에 조언을 해 주기도 합니다. 그러나 그것이 늘 순탄히 받아들여지는 것은 아니죠. 때로는 당신에게 대항하고 반대하거나, 혹은 굳게 닫힌 마음으로 일관하는 사람들을 만나기도 합니다. 모든 수단과 방법을 다 동원한다 해도, 충고를 받아들일 것 같지 않은 사람도 있습니다. 귀를 꽉 닫아 버리는 십 대 학생들, 또는 자기 멋대로 하게 내버려 두라는 사람들, 혹은 당신의 조언과는 정반대로 나가기로 작심한 형제자매가 바로 그런 사람들이죠. 이런 거절은 당신의 속마음을 상하게 할지도 모릅니다. 그들이 잘되기를 바라지만, 결국 파멸의 길로 가는 모습을 지켜봐야 하기 때문이죠. 그러면 어떻게 하는 것이 좋을까요?

끊임없이 진리를 말하세요. 하나님의 말씀을 계속 선포하세요. 말씀으로 격려하고 힘을 주고 가르쳐 주세요. 당신이 맡은 바 임무를 다하세요. 비록 당신은 원하지 않더라도, 하나님은 당신을 통해 그 일이 완수되기를 바라니까요. 다른 무엇도 아닌, 하나님의 말씀과 하나님의 말씀이 들려져야 할 사람에 관한 일이에요. 그러니 때를 얻든지 못 얻든지 전해 봅시다. 말씀을 받든지 거부하든지에 상관없이 말해 봅시다. 그저 묵묵히 진리를 전합시다.

| 묵상 포인트 |

1. 당신에게 맡겨진 사람이 누구라고 생각하나요?

_____

_____

_____

_____

2. 당신의 제안이나 조언이 거절당했다고 느꼈던 적이 있나요? 그 거절에 어떻게 대처했나요?

_____

_____

_____

_____

3. 당신의 임무가 엄청난 두려움으로 다가왔던 적이 있나요? 그렇다면 두려움을 어떻게 극복했나요?

_____

_____

_____

_____

| 나를 위한 기도 |

사랑하는 하나님, 하나님께서 제게 맡기신 일들을 잘 감당할 수 있도록 도와주세요. 늘 한결같이 하나님께 의지하기를 간구합니다. 두려움 없이, 믿음 가운데 걷고, 말하고, 행동하게 해 주세요. 하나님 아버지, 제가 하나님을 기쁘게 해 드리기 원합니다. 그래서 언젠가는 "착하고 충성된 종아"라고 불릴 수 있기를 기대합니다. 예수님의 이름으로 기도합니다. 아멘.

WEEK 41

| 제41주 |

하나님의 가르침

| 하루 말씀 |

- 첫째 날: 에스겔 22-24장
- 둘째 날: 에스겔 25-28장
- 셋째 날: 에스겔 29-32장
- 넷째 날: 에스겔 33-36장
- **다섯째 날: 에스겔 37-39장**
- 여섯째 날: 에스겔 40-42장
- 일곱째 날: 놓친 말씀 따라잡기

흔히 엄마를 아이의 첫 번째 스승이라고 합니다. 자녀의 지식과 태도는 대체로 부모를 그대로 보고 배운 결과라 해도 무방하기 때문이죠. 그 후 아이는 자라면서 주로 학교에서 배우기 시작합니다. 그러나 교실에서 배울 수 없는 가르침도 있습니다. 오직 삶만이 가르쳐 줄 수 있는 인생 교훈들이 있다는 것이죠. 당신도 자신을 한층 더 성장하게 해 준 귀중한 가르침들을 아마 삶에서 배워 보았을 것입니다. 물론 그런 가르침을 얻기까지 쉽지만은 않은 여정이었겠지만, 인생의 다음 때를 준비해 가는 값진 시간이었을 것이 분명하죠. 그중에는 오직 믿음에 의지하도록 당신을 몰고 간 순간도 있었을 거고요.

에스겔 37장 1절에서, 에스겔 선지자는 이렇게 말합니다. "여호와께서 권능으로 내게 임재하시고 그의 영으로 나를 데리고 가서 골짜기 가운데 두셨는데 거기 뼈가 가득하더라". 이 말씀에서 선지자가 하나님의 영에 이끌려 간 곳은 마른 뼈로 가득 찬 골짜기였습니다. 하나님은 에스겔에게 다른 방법으로도 충분히 말씀을 들려줄 수 있었지만, 그를 이런 으스스하고 꺼림칙한 장소 한복판에 두셨습니다. 바로 이 마른 뼈로 가득 찬 골짜기가 하나님께서 택하신 교실이었던 것이죠.

그러나 걱정하지 않아도 됩니다. 당신을 골짜기에 놓아두셨다고 해도, 하나님의 손은 여전히 당신 위에 머물러 있으니까요. 이 또한 귀중한 교훈이 아닐 수 없습니다. 저도 무시무시한 골짜기를 혼자 걷고 있다고 느낀 적이 있습니다. 그러나 결코 저는 혼자가 아니었습니다. 하나님이 항상 저와 함께 계셨기 때문이죠. 이런 복된 확신 안에 거하세요. 하나님께서는 바다 끝에서라도 우리의 발걸음을 이끄시고, 인도하시며, 지시하십니다.

에스겔 37장 4절 말씀입니다. "또 내게 이르시되 너는 이 모든 뼈에게 대언하여 이르기를 너희 마른 뼈들아 여호와의 말씀을 들을지어다". 하나님께서는 에스겔을 의도적으로 마른 골짜기에 두셨고, 그에게 말씀을 전하라고 명하셨습니다. 하나님은 우리를 삶의 골짜기들로 밀어 넣고, 하나님의 말씀을 또 다른 차원으로 믿는 데까지 이르게 하십니다. 우리에게 하나님의 말씀이 곧 생명이라는 진리를 가르치셔야 하기 때문이죠. 우리가 약할 때, 힘을 주는 것이 바로 하나님의 말씀입니다. 곤비하고 피곤할 때, 우리를 일으키는 것이 말씀이죠. 때로는 그 마른 골짜기가 우리를 시험하는 광야와 같을 것입니다. 우리가 하나님의 말씀을 굳게 지키는지 아닌지, 적나라하게 드러나는 시험대 말이죠.

하나님께서 당신을 이끄신다고 고백해야 할 때도 있습니다. 예수님이 채찍에 맞음으로써 내가 나음을 입었다고 스스로 되뇌어 볼 수도 있고요. 그러나 진정으로 깨달아야 할 것이 있습니다. 에스겔이 마른 뼈에 하나님의 말씀을 대언했던 것처럼, 당신도 당신의 삶을 향해 하나님의 말씀을 선포해야 한다는 것이죠. 그래야 비로소 당신은 다른 사람에게 생명을 말하는 자로 준비될 수 있습니다.

| 묵상 포인트 |

1. 당신이 배운 가장 귀중한 인생 교훈은 무엇인가요? 그것이 왜 그렇게 중요했나요?

_____

_____

_____

_____

2. '마른 골짜기'와 같은 장소에 있다는 생각이 들 때마다, 당신은 어떻게 반응하나요?

_____

_____

_____

_____

3. 당신에게 마음의 평화와 안식을 주는 성경은 전체 66권 중에 무엇인가요? 그 이유는 무엇인가요?

_____

_____

_____

_____

| 나를 위한 기도 |

사랑하는 하나님, 저에게 골짜기를 허락하시고 수많은 가르침을 주셔서 감사합니다. 또한, 그 골짜기마다 귀중한 것들을 볼 수 있게 하시니 감사합니다. 하나님의 인도하심과 말씀 가운데 저의 발걸음을 끊임없이 주장하여 주심에 너무나 감사를 드립니다. 어둠의 골짜기를 혼자 걷고 있다는 생각이 들 때마다, 하나님께서 저와 동행하시며 저를 안위하고 계심을 잊지 않도록 도와주세요. 예수님의 이름으로 기도합니다. 아멘.

| 제42주 |

나의 정체성

| 하루 말씀 |

- 첫째 날: 에스겔 43-45장
- 둘째 날: 에스겔 46-48장
- **셋째 날: 다니엘 1-4장**
- 넷째 날: 다니엘 5-8장
- 다섯째 날: 다니엘 9-12장
- 여섯째 날: 시편 129-135장
- 일곱째 날: 놓친 말씀 따라잡기

다니엘서 3장은 믿음을 지키며, 행동이 남달랐던 세 명의 유다 소년에 관한 이야기입니다. 세 소년은 이방신을 섬기지 않고, 금 신상에 절하지 않았습니다. 갖은 협박과 박해에도 불구하고, 이들은 하나님을 따르기로 굳게 마음먹었기 때문이죠.

유다 민족이 바벨론에 포로로 잡혀가 있던 시절, 다니엘은 느부갓네살 왕의 총애를 받았습니다. 다니엘은 왕에게 청하여, 그의 세 친구인 사드락과 메삭과 아벳느고에게 바벨론 지방의 일을 다스리도록 맡겼죠. 그러나 관리로 승격한 세 친구에게는 별로 달갑지 않은 책임이 따라왔습니다. 바로 금 신상에 절하라는 명을 받게 된 것이죠. 누구든지 엎드려 절하지 않으면, 즉시 맹렬히 타는 풀무불에 던져 넣겠다는 협박도 받았습니다. 생사가 달린 문제였습니다. 압력에 굴복하여 절하거나, 혹은 자신들의 믿음을 지켜 절하지 않을 수도 있습니다. 하나님이 명령에 불순종하거나, 혹은 자신들의 믿음을 고수할 수도 있고요. 당신이라면 어느 편을 택하실 건가요?

왕이 명령을 내리고 갖가지 악기 소리가 들리자, 모든 백성이 금 신상에 절하기 시작했습니다. 물론 사드락과 메삭과 아벳느고는 제외하고 말이죠. 이 소년들은 자신들의 정체성이 무엇인지, 주인이 누구인지 정확히 알고 있었습니다. 게다가 오직 하나님만을 섬기기로 작심했기에, 누구도 그들의 마음을 돌릴 수는 없었습니다. 바벨론 사람들은 세 소년의 이름을 바꾸기는 했지만(히브리 이름은 순서대로 하나냐와 미사엘과 아사랴), 그들의 정체성까지 바꾸지는 못했죠. 이 소년들은 진정한 하나님의 사람들이었습니다. 하나님과의 친밀한 관계 속에 깊숙이 뿌리박은 진실한 신앙인이었던 것이죠.

우리도 이런 신앙인이 되어야 합니다. 우리가 누구인지, 누구의 소유인지 정확히 알고 있어야 하죠. 물론 자녀에게도 동일하게 가르쳐 주어야 하고요. 타인이 우리를 어떻게 부르든지, 우리는 지극히 높으신 하나님의 자녀입니다. 말씀은 우리의 정체성을 이렇게 증거합니다. "너희는 택하신 족속이요 왕 같은 제사장들이요 거룩한 나라요 그의 소유가 된 백성이니 이는 너희를 어두운 데서 불러 내어 그의 기이한 빛에 들어가게 하신 이의 아름다운 덕을 선포하게 하려 하심이라"(벧전 2:9).

금 신상에 절하기를 거부했던 사드락과 메삭과 아벳느고에게는 그 후 무슨 일이 벌어졌나요? 그들은 "평소보다 칠 배나 뜨겁게"(단 3:19) 해 둔 풀무불에 던져졌습니다. 그 불이 어찌나 뜨거웠던지, "불꽃이 사드락과 메삭과 아벳느고를 붙든 사람을 태워 죽였고"(단 3:22)라고 기록될 정도였죠. 그러나 하나님은 이 세 소년의 편이었습니다. 말씀은 이렇게 증거합니다. "불이 능히 그들의 몸을 해하지 못하였고 머리털도 그을리지 아니하였고 겉옷 빛도 변하지 아니하였고 불 탄 냄새도 없었더라"(단 3:27). 우리는 큰 어려움에 직면할 때마다, 해낼 수 없을 거라고 지레짐작하는 경우가 많습니다. 그 어려움이 극명히 보이고, 직접적으로 체감되기 때문이죠. 그러나 모든 어려움을 넘어서는 하나님이 계십니다. 우리를 살게 하시고, 승리를 주시는 하나님을 믿어야 합니다.

| 묵상 포인트 |

1. 당신이 아이였을 때, 마음에도 없는 일을 억지로 해야 했던 적이 있나요? 무슨 일이었고, 또 그 상황에서 어떻게 행동했나요?

_____

_____

_____

_____

2. 오늘날 또래 혹은 동료 집단의 압력을 받고 있는 청년들에게, 당신은 어떤 조언을 해 줄 수 있을까요?

_____

_____

_____

_____

| 이번 주 생각거리 |

　모든 엄마의 희망은 자녀를 자신감 넘치고 용감한 아이로 키우는 것입니다. 자녀가 압박감에 굴하지 않고 소신을 지키는 것만큼, 부모에게 큰 기쁨을 주는 일도 없죠. 자녀에게 그런 신념이 있다는 것은 먼저 엄마에게 그런 신념과 태도가 있기에 가능한 일입니다. 당신과 함께한 하나님이 당신의 자녀와도 함께할 것입니다. 당신이 엄마든 교사든, 혹은 조언자든지 '나 혼자만 인생의 풀무불을 잘 이겨 내면 된다'라고 생각하지 마세요. 당신의 아이, 또는 학생들 역시, 그들이 마주한 인생의 풀무불을 잘 이겨 낼 수 있도록 옆에서 든든히 도와주세요.

WEEK **43**

| 제43주 |

그 인자하심이
영원함이로다

| 하루 말씀 |

- **첫째 날: 시편 136-142장**
- 둘째 날: 시편 143-150장
- 셋째 날: 로마서 1-4장
- 넷째 날: 로마서 5-8장
- 다섯째 날: 로마서 9-12장
- 여섯째 날: 로마서 13-16장
- 일곱째 날: 놓친 말씀 따라잡기

시편 136편은 다윗이 쓴 시입니다. 하나님께 감사하며, 또한 하나님을 믿는 자들에게 그의 선하심과 인자하심을 항상 감사하라고 권합니다. 다윗은 그의 인생 도처에서, 하나님이 자신을 지키시고 보호하시며 용서해 주셨음을 기억합니다. 그에게 베풀어 주신 하나님의 은혜를 거듭 반복하며 감사의 노래를 쓴 것이죠. 이에 더해, 다윗은 하나님께서 이스라엘 자손을 기억하시고, 애굽 바로의 손에서 건져 주신 일도 잊지 않고 이야기합니다. 그래서 하나님의 인자하심이 영원하다고 노래할 수 있었던 것이고요.

우리도 지난날 우리에게 행하신 하나님의 선하시며 인자하신 일들을 떠올리며, 매일같이 이 노래를 부를 수 있습니다. 미혼모 가정에서 자랐지만, 아이가 믿음 가운데 잘 성장한 일, 형편상 학업을 중단했지만 은혜로 다시 학위를 얻게 된 일, 혹은 화목한 가정을 허락해 주신 일 등, 모든 것이 감사의 노래를 하게 만드는 일들입니다. 하나님의 인자하심이 당신의 삶에 영원하기에, 마음 다해 그분을 찬양할 수 있습니다.

사실 우리는 녹록지 않은 삶 가운데 불만도 많습니다. 그러나 하나님께서는 우리에게 선을 베풀어 주셨습니다. 생명을 주신 것이죠. 거듭남의 생명만이 아니라, 우리에게 호흡을 주신 것입니다. 그 이유 하나만으로도 감사하기에 충분합니다. 우리 삶에 행하신 하나님의 일들을 생각해 보세요. 다윗의 고백처럼, 모든 것이 감사의 제목들뿐입니다. 임금이 인상되었다거나, 신형 자동차를 구입한 일에만 감사하는 것이 아닙니다. 모든 것이 감사입니다. 만물을 운행하시는 하나님, 그 하나님께 속한 해와 달, 별을 보면서도 감사하는 것이죠.

　다윗은 하나님의 인자하심이 영원하기에 감사하라고 말합니다. 공허한 외침이 아닙니다. 하나님의 인자하심을 직접 경험해 보았기에 알았던 것입니다. 한때 다윗은 부하의 아내와 간통을 저질렀습니다. 심지어 그 부하를 최전선으로 보내어 죽게 만들기까지 했죠. 그럼에도 하나님은 다윗에게 은혜를 베풀었고, 기름 부었습니다. 하나님의 인자하심을 따라 다윗을 용서하셨죠. 우리도 하나님의 크신 인자하심을 입은 증인들입니다. 하나님께서 다윗의 지난 허물을 보지 않으신 것처럼, 우리에게도 그 은혜를 베푸셨고 우리를 버리지 않으셨습니다. 다윗은 말합니다. "여호와께 감사하라"라고 말이죠.

　당신을 둘러싼 모든 삶 속에는 감사할 이유가 있습니다. 비천에 처하든 풍부에 처하든, 변하지 않는 한 가지 진리가 있기 때문이죠. 바로 하나님은 당신을 사랑한다는 것. 지금까지 당신을 지키시고 보호하시며 용서해 주신 것에 감사합시다. 하나님의 인자하심이 영원함에 감사를 드립시다.

| 묵상 포인트 |

1. 당신이 생각하는 '인자하심'의 정의는 무엇인가요?

_____

_____

_____

_____

2. 금전과 관련되지 않은 것 중에 감사의 제목이 있나요? 세 가지만 말해 볼까요?

_____

_____

_____

_____

3. 감사할 줄을 몰랐거나 감사가 나오지 않았던 때가 있나요? 설명해 보세요.

_____

_____

_____

_____

| 적용 포인트 |

적어도 세 가지 감사 제목을 적고, 매일 기도 시간에 감사를 올려 드리세요. 매일 세 가지 감사 제목을 더 적어 나갑시다. 한 주의 마지막 기도 시간이 탄식보다는 감사로 채워질 것입니다.

WEEK **44**

| 제44주 |

하나님이 갚아 주십니다

| 하루 말씀 |

- ■ 첫째 날: 호세아 1-5장
- ■ 둘째 날: 호세아 6-10장
- ■ 셋째 날: 호세아 11-14장
- ■ **넷째 날: 요엘 1-3장**
- ■ 다섯째 날: 아모스 1-5장
- ■ 여섯째 날: 아모스 6-9장
- ■ 일곱째 날: 놓친 말씀 따라잡기

하나님께서는 요엘 2장 25절에서 이렇게 말씀하십니다. "내가 전에 너희에게 보낸 큰 군대 곧 메뚜기와 느치와 황충과 팥중이가 먹은 햇수대로 너희에게 갚아 주리니". 이 말씀에서는 유다 자손에게 은혜를 베푸시는 하나님의 모습을 볼 수 있습니다. 유다 자손은 모든 식량이 파괴되었던 엄청난 기근에서 이제 막 벗어났습니다. 결핍의 때를 통과한 것이죠. 애초에 이 기근은 백성의 범죄로 말미암아, 하나님께서 그들에게 허용하셨던 것입니다. 이제 하나님은 이렇게 말씀하십니다. '나는 너희가 잃었던 모든 것을 되돌려줄 것이다. 내가 거두어 갔던 것을 이제는 너희에게 다시 갚아 주겠다.'

메뚜기가 모든 식량을 삼켜 버렸기 때문에, 유다 민족은 살아남을 수 없었습니다. 전멸했어야 했죠. 그럼에도 하나님께서는 기적을 베풀 계획을 가지고 계셨습니다.

요엘 2장 26절에서, 하나님은 유다 자손에게 이렇게 말씀하십니다. "너희는 먹되 풍족히 먹고 너희에게 놀라운 일을 행하신 너희 하나님 여호와의 이름을 찬송할 것이라 내 백성이 영원히 수치를 당하지 아니하리로다". 다시 말해, 너희가 차고 넘치도록 받게 될 것이기에, 그것이 하나님께로부터 왔음을 알게 될 거라는 말이죠. 우리의 삶에도 우리를 무너트릴 것만 같은 기근이 있습니다. 재정적인 타격을 입거나 가정에 끊임없이 위기가 찾아오는 일들이 그러하죠. 그러나 하나님에게는 계획이 있습니다. 기근의 때가 지나면 분명히 보게 될 하나님의 계획 말이죠. 먼저는 지금 당신이 어떤 때를 보내고 있는지 확실히 하는 것이 중요합니다. 그래야 다가오는 때를 충분히 흠향할 수 있으니까요.

당신이 수많은 고통을 겪어야 했다는 것을 압니다. 그러나 하나님께서는 당신에게 메뚜기에 잃은 것보다 더 풍족히 보상하시겠다고 말씀하십니다. 당장은 답답할지 몰라도, 절대 실망하지 마세요. 하나님이 얼마나 넉넉히 베푸시는지 지켜보세요! 기근의 시기를 지나며 배운 것들을 떠올려 봅시다. 역경 속에서 좌절했지만, 당신은 영적으로, 또 정서적으로 성장했습니다. 고난 속에서 하나님을 바라봤고, 예상치 못하게 풍족한 때를 만나게 되었고요. 하나님께서는 잃은 것을 다시 채울 곳간을 만들게 하셨습니다. 잃은 것은 컸지만, 하나님께서 갚아 주실 것은 그 곳간을 가득 채우고도 남음이 있을 것입니다.

| 묵상 포인트 |

1. 당신이 참고 견뎌 내야 했던 가장 큰 손해 또는 손실은 무엇이었나요? 그 상황을 어떻게 이겨 냈나요?

_____

_____

_____

_____

2. 결핍의 때를 통해 배운 귀중한 교훈이 있나요? 무엇인가요?

_____

_____

_____

_____

3. 많은 것을 잃고, 하나님의 도우시는 손길을 경험했나요? 그렇다면, 하나님께서 어떻게 도우셨나요? 당신은 구체적으로 무엇을 얻었나요?

_____

_____

_____

_____

| 이번 주 말씀 구절 |

내가 전에 너희에게 보낸 큰 군대 곧 메뚜기와 느치와 황충과 팟종이
가 먹은 햇수대로 너희에게 갚아 주리니 너희는 먹되 풍족히 먹고 너
희에게 놀라운 일을 행하신 너희 하나님 여호와의 이름을 찬송할 것이
라 내 백성이 영원히 수치를 당하지 아니하리로다 그런즉 내가 이스라
엘 가운데에 있어 너희 하나님 여호와가 되고 다른 이가 없는 줄을 너희
가 알 것이라 내 백성이 영원히 수치를 당하지 아니하리로다(욜 2:25-27).

WEEK **45**

| 제45주 |

하나님만을 기다립시다

| 하루 말씀 |

- 첫째 날: 오바댜 1장
- 둘째 날: 요나 1-4장
- 셋째 날: 미가 1-4장
- 넷째 날: 미가 5-7장
- 다섯째 날: 나훔 1-3장
- **여섯째 날: 하박국 1-3장**
- 일곱째 날: 놓친 말씀 따라잡기

기다린다는 것은 말처럼 쉽지 않습니다. 특히 하나님의 응답을 기다린다는 것은 더더욱 쉽지 않죠. 어떤 때는 하나님께서 신속히 응답하시는 것 같다가도, 또 다른 때는 한없이 더디시기도 하니까요. 게다가 연단의 시간을 허락하기도 하시고요. 우리는 하나님의 타이밍을 통제할 수 없습니다. 하나님께서 한 발자국 움직이실 때까지, 그저 기다려야만 하죠.

여기 하박국 1장에, 애끓는 심정으로 하나님의 말씀을 기다리는 한 선지자가 있습니다. 유다의 국운이 다해 가는 모습을 바라보며, 하나님께 구원을 부르짖는 선지자입니다. 하나님은 응답은커녕 선지자의 말을 듣지도 않는 것처럼 보입니다. 그래도 하박국은 계속해서 하나님의 뜻을 간구했습니다. 당신도 전심으로 기도하며 하나님의 뜻을 간구했지만, 아직 응답을 얻지 못한 일이 있나요?

이 말씀에서 하박국은 하나님께 두 가지를 묻습니다. 바로 "어느 때까지리이까"와 "어찌하여"라는 아주 근본적인 질문이죠. 말하자면, '여호와여, 내가 언제까지 부르짖어야 주께서 들어주시겠습니까? 어째서 나에게 불의를 보게 하시며 악을 목격하게 하십니까?'라고 묻는 것입니다. 우리 여성분들, 우리도 이런 질문들을 반복해서 하고 있지는 않나요? 예를 들면, '나는 왜 아직까지 미혼이지?', '나는 언제쯤 재정적으로 안정될 수 있을까?', 혹은 '아이들이 언제쯤 내 말을 잘 들을까?'하는 질문들 말이죠.

하나님의 응답이 너무 지체된다고 느껴지면, 우리는 어떻게 하나요?

그냥 포기해 버리기도 합니다. 대충 만족하는 것으로 타협을 보기도 하죠. 때로는 스스로 처리하려고 발 벗고 나섭니다. 이런 태도로 일관하는 사람은 하나님께서 예비하신 진정한 축복을 받을 자격이 없습니다. 우리는 잠잠히 기다리는 연습을 해야 합니다. 그리고 하나님의 계획과 타이밍을 믿어야 하죠. 머리털까지 다 세신 바 된 하나님은, 우리보다 우리를 더 잘 아십니다. 우리가 무엇을 준비해야 하는지 아시며, 우리에게 준비할 시간이 더 필요한 때도 알고 계십니다. 우리가 실력을 키워야 할 분야를 아시며, 우리에게 조금 더 훈련이 필요한 부분도 알고 계시죠. 그러하기에 우리는 기다려야 합니다. 하나님께서는 당신의 큰 그림 안에서, 모든 조각이 서로 완벽하게 결합되도록 맞추실 것입니다. 그저 묵묵하게, 잠잠히 기다림이 좋습니다.

| 묵상 포인트 |

1. 하나님께 응답을 바라고 기도했더니, 당신이 원하는 대로 대답하지 않으셨던 때를 생각해 보세요. 그때 당신은 어떻게 반응했나요?

_____

_____

_____

_____

2. 하나님께서 응답하지는 않으셨지만, 현재 기도하며 기다리는 것이 있나요? 기도해 온 지 얼마나 되었나요? 앞으로 어떻게 할 생각인가요?

_____

_____

_____

_____

3. 하나님께서 침묵하실 때, 당신은 주로 어떻게 하나요?

_____

_____

_____

_____

| 이번 주 생각거리 |

하나님께서 하박국 선지자의 응답을 미루신 이유가 있습니다. 하나님의 백성인 이스라엘 자손은 죄를 범했고, 더욱이 왕마저 여호와 보시기에 악을 행했기 때문입니다. 하나님께서는 유다의 잘못을 바로잡고자 바벨론 제국을 사용하셨습니다. 이에 하박국 선지자는 이스라엘 민족을 대신하여 하나님께 나아갔습니다. 하박국 선지자가 얼마나 오래 하나님께 부르짖었는지 우리는 알 수 없습니다. 그러나 하나님께서 응답하셨을 때, 그 말씀은 하박국 선지자가 원했던 대답이 전혀 아니었습니다. 바벨론 군대가 이스라엘 민족을 쳐들어와 전쟁을 벌이게 될 거라는 대답이었기 때문이죠. 비록 선지자는 그가 바라던 때에, 원했던 대답을 얻지는 못했지만, 하나님께서는 여전히 말씀하시며 운행하고 계셨습니다.

| 제46주 |

그 은혜가
내게 족합니다

| 하루 말씀 |

- 첫째 날: 고린도전서 1-4장
- 둘째 날: 고린도전서 5-8장
- 셋째 날: 고린도전서 9-12장
- 넷째 날: 고린도전서 13-16장
- 다섯째 날: 고린도후서 1-6장
- **여섯째 날: 고린도후서 7-13장**
- 일곱째 날: 놓친 말씀 따라잡기

바울은 고린도후서 12장에서, 하나님의 은혜를 받은 사람에 관해 이야기합니다. 사실 바울은 하나님께서 그의 인생을 송두리째 바꾸어 사도로 삼으시기 전까지, 교회를 박해하던 사람이었습니다. 그랬던 그가 11장에서는 복음을 전하다가 당했던 갖가지 시련을 이야기하고 있습니다. 그는 옥에도 갇혀 보았고, 사십에서 하나 감한 매를 다섯 번 맞았으며, 심지어 돌로 맞기까지 했습니다. 또한, 세 번 파선하고 일 주야를 깊은 바다에서 지낸 적도 있었죠. 바울은 이런 모진 수모를 겪었지만, 현재 마주한 위기와 비교하면, 이전 것은 아무것도 아닙니다. 바울은 분명 심각한 문제를 떠안고 있지만, 그것이 무엇인지 구체적으로 언급하지는 않습니다. 그러나 바울을 난처하게 하고, 심지어 굴욕을 느끼게 하는 문제인 것만은 틀림없어 보이죠. 교회에서 그의 명성을 잃게 하는 것일 수도 있고요. 어쨌거나 바울은 이 문제를 '내 육체에 가시'라고 부릅니다. 그는 '이 문제'가 떠나가게 해 달라고 간구했지만, 하나님은 그것을 없애지 않으셨습니다.

당신을 지독히도 괴롭히고 있는 문제, 그러나 하나님께서 없애 주시지 않는 그 문제는 무엇인가요? 하나님께서 절대 해결해 주실 것 같지 않지만, 그럼에도 계속 기도해 왔던 문제가 있나요? 당신을 눈물 나게 하는 문제, 그래서 이제는 씨름하고 싶지 않지만, 기어코 남아 있는 그런 문제는 무엇인가요? 결국 당신의 '가시'는 무엇인가요? 누군가에게는 자녀 문제가 가시일 수 있습니다. 직장, 혹은 결혼 문제가 가시일 수도 있고요. 재정적인 상황일 수도 있겠죠. 이 가시를 없애 주십사 기도

하고 울며 매달렸지만, 해결될 기미가 없어 보입니다. 자꾸 당신을 찌릅니다. 큰 실망을 안겨 주고요. 당신의 삶을 갉아먹는 것만 같습니다.

바울의 사정이 정확히 이러했습니다. 아무리 간구해도 하나님께서는 가시를 없애 주지 않으셨죠. 분명히 바울에게 은혜를 베푸실 수 있음에도 불구하고요. 바울이 이 가시를 내게서 떠나가게 해 달라고 간구할 때마다, 하나님께서는 이렇게 답하셨다고 합니다. "내 은혜가 네게 족하도다"(고후 12:9). 우리도 하나님께 도우심을 구하며, 감당하기 버거운 짐을 없애 달라고 애원했던 적이 많습니다. 그러나 하나님의 은혜가 충분하다는 것만이 유일한 응답입니다. 물론 당신은 그 시련이 어서 빨리 그치기를 바라겠죠. 그러나 당신에게 허락하신 하나님의 말씀은 이렇습니다. "내 은혜가 네게 족하도다".

하나님의 부족함 없는 은혜로, 우리의 능력은 그 가시와도 같은 약한 데서 온전하게 될 것입니다. 우리가 약할 때 강함을 주시는 그 은혜를 기억합시다. 언젠가는 가시를 보며 울며 탄식하는 대신, 오히려 자랑할 수 있는 날이 올 것입니다.

| 묵상 포인트 |

1. 당신이 생각하는 '은혜'는 무엇인가요?

_____

_____

_____

_____

2. 당신은 '육체의 가시'가 있나요? 그 가시는 무엇인가요?

_____

_____

_____

_____

3. 하나님께 기도했지만 원하는 응답을 듣지 못하면, 당신은 어떻게 하나요? 그 상황을 어떻게 해결하나요?

_____

_____

_____

_____

│ 나를 위한 기도 │

　사랑하는 하나님, 제가 바꿀 수 없는 것들은 겸허히 받아들일 수 있게 도와주세요. 하나님의 뜻이 저의 모든 삶을 이끌고 계심을 압니다. 오직 하나님만이 저의 힘이 되어 주시고, 약한 나로 강하게 하시는 은혜를 허락해 주세요. 하나님의 은혜가 내게 족한 줄을 알기에, 내 평생 그 은혜를 의지하며 살기 원합니다. 예수님의 이름으로 기도합니다. 아멘.

WEEK **47**

| 제47주 |

있는 모습 그대로

| 하루 말씀 |

- 첫째 날: 스바냐 1-3장
- **둘째 날: 학개 1-2장**
- 셋째 날: 스가랴 1-5장
- 넷째 날: 스가랴 6-10장
- 다섯째 날: 스가랴 11-14장
- 여섯째 날: 말라기 1-4장
- 일곱째 날: 놓친 말씀 따라잡기

잠시 기대감에 관해 이야기해 봅시다. 임신한 여성은 배 속에 생명이 자라고 있음을 알고 있습니다. 기한이 다 차면, 아이가 나온다는 것도 알고요. 전혀 의심하지 않죠. 배가 부풀고 태동도 느껴지니까요. 점차 체형이 변하면서, 여성의 마음가짐도 달라집니다. 나날이 기대감에 더욱 부풀게 되죠. 이제 곧 아기가 태어날 것이고, 이전과는 전혀 다른 '엄마'라는 삶이 펼쳐지기 때문입니다.

우리도 이런 기대를 해야 합니다. 우리 마음에 품게 하신, 아직은 이해할 수 없는 꿈과 목적을 하나님께서 때가 되어 이루실 거라는 기대를 품어야 하죠. 하나님께서 당신에게 무엇을 예비하셨는지 모를 수도 있습니다. 그러나 당신을 통해 큰일을 행하실 하나님을 기대해야 합니다. 사실, 그 큰일을 마음속에 그려 볼 수 있는 데까지 먼저 나아가야 하죠. 그날을 기대하며, 하나님의 큰일을 이루어 낼 수 있게 노력해야 하고요.

학개서는 유다 민족에게 전하신 하나님의 말씀을 기록한 성경입니다. 바로 새 시대를 눈앞에 둔 유다 민족에게 말이죠. 그들은 바벨론 포로에서 귀환한 후, 한동안 지연되었던 성전을 재건했습니다. 그러나 이전 성전의 영광에 못 미칠 것을 두려워했죠. 솔로몬이 건축한 첫 성전은 모든 은금과 재료를 가지고, 수많은 장인의 솜씨로 지어진 극히 웅장한 성전이었으니까요. 지금 그들 앞의 성전은 솔로몬 성전에 비하면 초라해 보이기만 합니다. 결국 유다 민족은 과거의 영광과 현재의 보잘것없음을 비교하고 있었던 것이죠.

이런 유다 민족의 모습은 마치 우리 모습 같을 때가 많습니다. 나이와 성별, 신체 능력 등 그 밖의 수많은 이유에 우리 자신을 가두어 버리죠. 결점에만 시선을 맞추고, 더 높은 수준을 기대하지 않습니다. 게다가 유명인들과 우리를 비교하기도 하고요. 그들의 재능과 능력을 부러워하기도 합니다. 그들이 가진 미모와 교육 수준을 보며, 자신은 변변치 않다고 생각하죠. 자신에게 회의감이 들고, 한계를 그어 둡니다. 스스로 수준 미달이라고 생각하니까요.

　　그러나 하나님이 당신과 함께하는 한, 결코 이루지 못할 일은 없습니다. 부디 용기를 가지세요. 하나님께서는 학개 선지자에게 약속하신 대로, 당신의 모든 삶에도 동행하실 것입니다. 사랑하는 자매님, 겉으로 보이는 것만이 전부가 아닙니다. 당신에게는 성령의 능력이 있어요. 당신을 통해 놀라운 일을 행하실 성령 하나님 말이죠. 자신과 타인을 비교하지 마세요. 하나님께서는 당신의 있는 모습 그대로를 기뻐 받으십니다. 그런 당신을 통해, 하나님께서는 큰일을 이루어 가실 것입니다.

| 묵상 포인트 |

1. 당신은 자신을 어떻게 바라보나요? 평균, 우수, 아니면 둘 다 아닌가요? 왜 그렇게
   생각하나요?

_____

_____

_____

_____

2. 자신과 가족, 또 당신의 경력에 큰 기대를 하고 있나요? 그렇다면, 그 기대들은 무
   엇인가요? 별 기대가 없다면, 그 이유는 무엇인가요?

_____

_____

_____

_____

3. 자신의 능력을 다른 사람의 능력과 비교한 적이 있나요? 그것이 당신에게 도움이
   되었나요, 아니면 걸림돌이 되었나요?

_____

_____

_____

_____

| 나를 위한 기도 |

사랑하는 하나님, 만물의 주요, 저의 과거와 현재, 미래의 주가 하나님이심을 고백합니다. 그 하나님께서 저를 향해 준비하신 계획을 신뢰합니다. 하나님만이 저를 가장 좋은 것으로 채워 주십니다. 다른 데 마음을 쏟지 않고, 걸려 넘어지지 않도록 도와주세요. 하나님께서 계획하신 미래를 기대하며, 즐거워할 수 있기를 원합니다. 하나님께서 저를 바라보시듯, 저도 그렇게 저 자신을 볼 수 있게 도와주세요. 크신 하나님께서 저를 통해 크신 일을 행하실 날을 기대합니다. 예수님의 이름으로 기도합니다. 아멘.

| 제48주 |

회복이 일어나는 자리

| 하루 말씀 |

- 첫째 날: 에스라 1–5장
- 둘째 날: 에스라 6–10장
- 셋째 날: 느헤미야 1–3장
- **넷째 날: 느헤미야 4–7장**
- 다섯째 날: 느헤미야 8–10장
- 여섯째 날: 느헤미야 11–13장
- 일곱째 날: 놓친 말씀 따라잡기

 느헤미야서는 유다 민족이 바벨론 포로에서 귀환한 역사를 기록하여 놓은 성경입니다. 그러나 귀환 후 예루살렘 성벽을 재건하는 과정에서, 유다 민족은 주변 족속들의 수많은 방해와 위협을 받았습니다. 그에 더해, 유다 민족의 생활도 위험에 처했습니다. 흉년이 심하게 들어, 포도원과 집이라도 저당 잡혀야 할 상황이었으니까요. 또한, 백성을 이끌어야 할 귀족들과 민장들은 그들에게 고리대를 취해 백성의 짐을 가중시켰죠. 빚을 갚으려고 자녀를 종으로 파는 일도 벌어졌습니다.

당신이 하나님의 일을 할 때도 삶에는 여전히 많은 일이 일어납니다. 성벽을 재건하던 유다 민족에게, 대적이 갖가지 방법으로 그들의 삶을 파고들었듯이 말이죠. 유다인의 가정을 공격했습니다. 그것이 대적의 방법입니다. 하나가 아닌 열 가지 공격 방법을 마련해 놓고 있죠. 당신이 그 공격을 어떻게 이겨 내느냐 하는 것이 관건입니다.

느헤미야 5장 1절에는 백성들이 함께 크게 부르짖고 느헤미야와 문제를 나누기 시작했다고 기록되어 있습니다. 가족들을 충분히 돌보며, 가정을 지키기 위해 싸웠고요. 유다 민족은 그들의 요구 사항을 두려움 없이 느헤미야에게 털어놓았습니다. 그리고 주변 상황에 함몰되지 않았죠. 오히려 성벽 공사라는 값진 일에 힘을 다하였습니다. 유다 백성은 용기를 내어 진실을 말했고, 힘들어 보이는 일은 나누고 요청하는 태도를 보였습니다.

우리도 가면을 벗고, 진실을 말하는 자리로 나아가야 합니다. 아프면 아프다고 말해야 하죠. 생계를 유지하기 어려우면, 그렇다고 솔직하게 고백하고요. 자신과 하나님께 솔직해집시다. 우리는 탈선하여 초점을 잃어버리기 일쑤입니다. 한없이 엇나가다가 자신의 존재를 잃기도 하고요. 때로는 우리의 열심을 잃기도 합니다. 평화를 잃고, 인내해야겠다는 욕구도 잃어버리죠. 이제 솔직하게 자신의 심중을 하나님께 털어놓읍시다. 하나님께 마음의 소망을 전하세요. 하나님께 두려움 없이 나아가세요. 야고보서 4장 2절은 이렇게 기록하고 있습니다. "너희가 얻지 못함은 구하지 아니하기 때문이요". 목표를 향해 가려면, 용기 있게 물어물어 갈 수 있어야 합니다. 하나님은 우리의 삶을 회복하시기 원합니다. 그러려면 우리는 자기에게 정직하며, 전능하신 하나님의 손을 의지해야 합니다.

| 묵상 포인트 |

1. 삶에는 갖가지 일이 벌어집니다. 당신이 누군가를 돕는 사이, 그 틈새를 비집고 발생한 당신의 개인적인 어려움이 있다면, 한 가지만 얘기해 볼까요?

_____

_____

_____

_____

2. 영적인 공격을 받았다고 느껴지면, 당신은 어떻게 대처하나요? 그 문제를 누구에게 털어놓나요?

_____

_____

_____

_____

3. 하나님께 개인적으로 한 가지를 회복해 달라고 요청할 수 있다면, 그것은 무엇인가요?

_____

_____

_____

_____

| 이번 주 말씀 구절 |

그런즉 너희는 그들에게 오늘이라도 그들의 밭과 포도원과 감람원과 집이며 너희가 꾸어 준 돈이나 양식이나 새 포도주나 기름의 백분의 일을 돌려보내라 하였더니 그들이 말하기를 우리가 당신의 말씀대로 행하여 돌려보내고 그들에게서 아무것도 요구하지 아니하리이다 하기로 내가 제사장들을 불러 그들에게 그 말대로 행하겠다고 맹세하게 하고(느 5:11-12).

WEEK **49**

| 제49주 |

부딪쳐 봅시다!

| 하루 말씀 |

- 첫째 날: 갈라디아서 1-6장
- 둘째 날: 에베소서 1-6장
- **셋째 날: 빌립보서 1-4장**
- 넷째 날: 골로새서 1-4장
- 다섯째 날: 데살로니가전서 1-5장
- 여섯째 날: 데살로니가후서 1-3장
- 일곱째 날: 놓친 말씀 따라잡기

자신의 적은 자기 자신일 때가 많습니다. 어떤 문제든 스스로 합리화할 수 있죠. 할 수 없고, 갈 수 없다는 변명을 만들어 내는 데 재빠릅니다. 불안과 결점이 우리를 잠식하게 놔둘 수도 있고요. 그러나 때로는 불안과 두려움은 제쳐 두고, 일단 한 번 부딪쳐 보세요! 가정과 사업에 대한 소망을 좇아가 보세요. 그 자리에 주저앉아 있지 말고, 그냥 도전해 보세요!

빌립보서 3장 12절은 바울이 다음 행보를 결정짓는 이유가 되는 말씀입니다. 바울은 자신이 목적지에 도착하지 않았다는 사실을 알고 있습니다. 하나님께서 자기에게 명하신 일들을 모두 성취했다고도 생각하지 않고요. 바울은 이미 기나긴 길을 왔지만, 앞으로도 머나먼 길을 향하여 가야 합니다. 그러하기에 바울은 오직 한 일, 즉 뒤에 있는 것은 잊어버리고 앞에 있는 것을 잡으려고 나아갑니다. 그저 푯대를 향하여 달려가 보는 것이죠.

바울은 학식이 높은 사람이었지만, 그것을 자랑삼지 않았습니다. 또한, 그리스도인과 교회를 박해하던 과거에 자신을 옭아매지 않았습니다. 과거에 얽매일 수 없다는 것을 알았죠. 십자가의 원수로 행하는 사람들의 공격에 물러설 수도, 자신이 세운 업적에 도취해 있을 수도 없었습니다. 바울에게는 자신이 과거에 어디 있었는지, 또 현재 어디에 있는지는 중요하지 않습니다. 그에게는 지금 '어디로 가고 있는가'하는 것이 무엇보다 중요했습니다.

우리도 바울의 간증을 교훈 삼아야 합니다. 우리는 과거의 생각에 사로잡혀 짓눌릴 때가 많고, 그만큼 과거에 속박되기 쉽습니다. 가족과 친구 간의 관계나 경력에서 한 발짝 앞으로 나아갈 수가 없죠. 과거의 상처들에 마음 아파하느라 앞을 바라볼 겨를이 없으니까요. 그러나 다음 행보는 과거, 혹은 과거에 범한 잘못과는 결코 상관이 없습니다. 다음 행보는 '앞으로 어디를 향해 나아가는가'에 관한 거니까요.

당신은 큰일을 이루어 낼 잠재력을 가지고 있습니다. 지금 당신이 이해하거나 인식할 수 있는 것 이상을 해낼 힘이 있죠. 하나님께서 하나님의 계획을 드러내기 시작하시면, 우리는 머뭇거릴 수 없습니다. 바로 뛰어들 준비를 해야 하죠. 과거의 허물에 붙잡혀 있을 수 없습니다. 두려움 때문에 물러서지 마세요. 당신에게는 맡겨진 영혼들이 있고, 그 영혼들은 미래의 어딘가에서 당신이 도착하기를 기다리고 있으니까요. 더 이상의 지체도 변명도 방해도 없습니다. 일단 한번 부딪쳐 보세요!

| 묵상 포인트 |

1. 당신이 다짐한 목표나 소망은 무엇인가요? 그것을 목표나 소망으로 둔 이유는 무엇인가요?

_____

_____

_____

_____

2. 당신에게 맡겨진 사람들이 누구라고 생각하나요? 그들의 삶에 가장 크게 영향을 줄 방법은 무엇인가요?

_____

_____

_____

_____

3. 당신의 '과거'가 미래에 어떠한 잠재력을 발휘할 거라고 생각하나요?

_____

_____

_____

_____

| 적용 포인트 |

1. 적어도 세 가지 목표 또는 소망을 적어 보고, 당신의 미래를 그려 보세요.

2. 목표와 소망을 실현하기 위해 전략을 구상해 보세요.

3. 매일 '방해 목록(두려움, 의심, 게으름 등)'을 작성해 보세요. 이런 문제가 당신을 가로막지 않게 해 달라고 선포해 봅시다.

WEEK **50**

| 제50주 |

목적을 이루는 은사

| 하루 말씀 |

- ■ 첫째 날: 디모데전서 1-6장
- ■ 둘째 날: 디모데후서 1-4장
- ■ 셋째 날: 디도서 1-3장
- ■ 넷째 날: 빌레몬서 1장
- ■ **다섯째 날: 베드로전서 1-5장**
- ■ 여섯째 날: 베드로후서 1-3장
- ■ 일곱째 날: 놓친 말씀 따라잡기

모든 인생에는 목적이 있습니다. 즉 이 땅에 태어나는 모든 사람은 목적을 가지고 태어난다는 말이죠. 목사이자 우리 세대의 뛰어난 지도자 중 한 명으로 손꼽히는 마일스 먼로 박사는 자신의 저서《In Pursuit of Purpose》에서 '목적이 없으면, 인생은 무의미하다.'라고 단적으로 표현했습니다. 이에 더해, '목적이 없으면 시간은 무의미하고, 기력은 쓸데없으며, 삶은 향방이 없다.'라고도 기록했죠. 따라서 우리의 삶이 충만하고 온전해지려면, 무엇보다 우리의 목적을 아는 것이 중요합니다.

각 사람과 모든 은사는 그리스도의 몸 안에서 큰 역할을 합니다. 그래서 은사를 사용하다 보면, 당신의 목적을 좀 더 분명히 발견할 수 있게 되죠. 때로는 당신의 재능이 매우 익숙하고 자연스럽게 드러나기에, 그것이 은사처럼 보이지 않을 수도 있습니다. 그러나 한 사람도 예외 없이, 모두가 은사를 받았습니다. 바울은 은사에 대해 로마서에 이렇게 기록합니다. "우리에게 주신 은혜대로 받은 은사가 각각 다르니 혹 예언이면 믿음의 분수대로, 혹 섬기는 일이면 섬기는 일로, 혹 가르치는 자면 가르치는 일로, 혹 위로하는 자면 위로하는 일로, 구제하는 자는 성실함으로, 다스리는 자는 부지런함으로, 긍휼을 베푸는 자는 즐거움으로 할 것이니라"(롬 12:6-8). 즉 하나님께서 당신에게 주신 은사가 무엇이든지, 그 은사를 기쁘게, 능력을 최대한 발휘하여, 하나님의 영광을 위해 쓰라는 것입니다.

하나님께서는 우리가 하나님의 계획을 수행하고 완수하는 데 부족함이 없도록 우리를 준비시키십니다. 때로는 너무 간단해 보이는 일이어서, 혼자서도 너끈히 해치울 수 있다고 자부하기도 하죠. 그러나 얕보거나 은사로 해냈다고는 생각되지 않는 그런 간단한 일들이 때로는 다른 삶을 격려하고, 돕고, 가치를 부여해 주는 것들입니다. 제가 무슨 말을 하려는 것일까요? 베드로 사도는 이렇게 말합니다. 서로 뜨겁게 사랑하고, 대접하며, 하나님의 여러 가지 은혜를 맡은 선한 청지기처럼 서로 봉사하라고 말이죠. 겉보기에는 아주 평이하고, 그리 대수롭지 않은 선행입니다. 그러나 사소해 보이는 선행마저, 섬기는 사람들에게는 하나님의 목적이 됩니다.

모든 사람에게는 하나님께 받은 재능이 있고, 그 재능을 이 땅에서 사용해야 할 목적이 있습니다. 당신이 그 목적을 따라 행할 때, 하나님께서는 당신에게 힘과 능력을 넉넉히 부어 주실 것입니다. 남들이 가진 재능이 당신에게는 없을지도 모릅니다. 그러나 사랑하는 자매님, 자신을 불필요한 존재라고 여기지 마세요. 당신과 당신이 돕는 모든 일은 하나님의 신령한 목적을 이루는 데 모자람이 없이 쓰일 테니까요. 당신의 은사와 아름다운 미소, 당신이 나눠주는 사랑, 진정한 친절과 환대는 모두 하나님의 거룩한 목적을 위해 사용될 것입니다.

| 묵상 포인트 |

1. 자신의 은사를 발견했나요? 그 은사는 어떤 일에 쓰일 수 있을까요?

_____

_____

_____

_____

2. 당신은 삶의 목적이 무엇인지 알고 있나요? 그것은 무엇인가요?

_____

_____

_____

3. 당신의 목적을 확연히 알 수 있었던 상황이나 사건이 있었나요?

_____

_____

_____

_____

　각각 은사를 받은 대로 하나님의 여러 가지 은혜를 맡은 선한 청지기 같이 서로 봉사하라 만일 누가 말하려면 하나님의 말씀을 하는 것 같이 하고 누가 봉사하려면 하나님이 공급하시는 힘으로 하는 것 같이 하라 이는 범사에 예수 그리스도로 말미암아 하나님이 영광을 받으시게 하려 함이니 그에게 영광과 권능이 세세에 무궁하도록 있느니라 아멘(벧전 4:10-11).

WEEK **51**

| 제51주 |

그 사랑, 증명합시다

| 하루 말씀 |

- ■ 첫째 날: 히브리서 1-7장
- ■ 둘째 날: 히브리서 8-13장
- ■ 셋째 날: 야고보서 1-5장
- ■ **넷째 날: 요한일서 1-5장**
- ■ 다섯째 날: 요한이서 1장, 요한삼서 1장
- ■ 여섯째 날: 유다서 1장
- ■ 일곱째 날: 놓친 말씀 따라잡기

게리 채프먼의 저서 《5가지 사랑의 언어》에는 모든 사람이 '사랑의 언어'를 갖고 있다고 쓰여 있습니다. 그 '사랑의 언어'로 자신의 사랑을 표현하고, 또 타인이 자신에게 어떻게 사랑을 베푸는지 해석하기도 하고요. 어떤 사람은 함께하는 시간으로 사랑을 표현합니다. 또 다른 사람에게는 스킨십이 사랑의 언어일 수도 있죠. 누군가에게는 인정하는 말, 혹은 선물이 그러할 수도 있고요. 잔디를 깎아 주거나 세탁물을 날라 주는 일종의 봉사로 사랑을 표현하는 사람도 있습니다. '아가페'는 절대적인 사랑을 뜻하는 그리스어로, 우리를 향한 하나님의 사랑을 나타내는 표현입니다. 하나님의 조건 없고, 일방적이며, 절대적인 사랑을 뜻하죠. 이 아가페 사랑을 받은 우리는 비록 받지 못해도 넉넉히 사랑을 베풉니다. 호의를 입지 못해도, 호의를 베풀고요. 사랑을 돌려받지 못해도 타인을 사랑합니다. 사실 이런 아가페적인 사랑을 하기가 늘 쉬운 것만은 아닙니다. 그러나 내재하시는 성령 하나님의 도우심을 힘입어 충분히 사랑해 낼 수 있습니다.

우리는 하나님을 사랑한다고 말하지만, 그것을 항상 표현하지는 않습니다. 마음에 계신 하나님께서 이미 우리의 마음을 다 아신다고 생각하기 때문이죠. 맞습니다. 하나님께서는 우리의 생각과 심중을 아십니다. 그러나 우리가 그것을 표현해 주기를 바라시죠. 우리가 그 마음과 생각을 증명하기를 원하십니다. 우리를 살리려고 독생자 예수 그리스도를 보내심으로, 하나님의 사랑을 여실히 증명한 것처럼 말이죠. 물론 하나님은 우리에게 맏아들을 바치라고 요구하지 않습니다. 그러나 하나님께

우리의 사랑을 증명할 길은 여러 가지가 있다고 믿습니다.

사도 요한은 요한일서 4장에서 '행함이 있는 사랑'을 강조합니다. 하나님을 사랑한다고 말만 해서는 안 된다는 것이죠. 우리의 행동을 통해 보이라는 것입니다. 사랑은 단순한 감정이 아니라 행동입니다. 서로 사랑하고 섬기는 모습을 통해, 하나님에 대한 우리의 사랑을 구체적으로 보여 주어야 합니다. 즉, 우리가 서로 사랑을 주고받으면, 하나님을 향한 우리의 사랑도 자연히 드러난다는 것이죠.

또한, 사도 요한은 우리가 하나님께 사랑을 증명하는 한 가지 길이 바로 '형제 사랑'이라고 말합니다. 꼭 기억하세요. 믿음 안에서 우리의 형제자매를 결정하는 것은 우리가 아니라, 하나님의 권한입니다. 우리는 그저 하나님의 사랑으로 형제자매를 사랑하도록 부름을 받은 것이죠. 그들이 하나님께 속한 자녀인가 아닌가를 우리가 판단해서는 안 됩니다. 곁에 두신 형제자매가 당신과는 생각이나 행동이 판이할 수도 있습니다. 그럼에도 여전히 사랑을 베풀어야 합니다. 우리는 모두 하나님 안에 한 가족이기 때문입니다. 당신은 하나님을 사랑하나요? 그렇다면, 그리스도 안에서 한 몸이 된 형제와 자매를 사랑함으로 증명하세요.

| 묵상 포인트 |

1. 당신의 '사랑의 언어'는 무엇인가요? (《5가지 사랑의 언어》를 참조하여)

_____

_____

_____

_____

2. 당신에게 호의적이지 않은 사람에게 사랑을 베푸는 일이 당신에게는 쉬운가요, 아니면 어려운가요?

_____

_____

_____

_____

3. 요즘 당신은 하나님께 어떻게 사랑을 표현했나요?

_____

_____

_____

_____

누구든지 하나님을 사랑하노라 하고 그 형제를 미워하면 이는 거짓말 하는 자니 보는 바 그 형제를 사랑하지 아니하는 자는 보지 못하는 바 하 나님을 사랑할 수 없느니라(요일 4:20).

WEEK **52**

| 제52주 |

하나님의 열린 문을 향하여

| 하루 말씀 |

- ■ **첫째 날: 요한계시록 1–3장**
- ■ 둘째 날: 요한계시록 4–7장
- ■ 셋째 날: 요한계시록 8–11장
- ■ 넷째 날: 요한계시록 12–15장
- ■ 다섯째 날: 요한계시록 16–19장
- ■ 여섯째 날: 요한계시록 20–22장
- ■ 일곱째 날: 놓친 말씀 따라잡기

사도 요한은 요한계시록 3장 8절에서, 빌라델비아 교회에 전하는 편지에 예수님의 말씀을 인용합니다. "내가 네 앞에 열린 문을 두었으되 능히 닫을 사람이 없으리라 내가 네 행위를 아노니". 다시 말해, '나는 너에게 접근 권한을 주었다. 내가 너에게 약속한 것은 무엇이든 권리를 요구할 수 있다.'라는 뜻이죠. 그런데 왜 빌라델비아 교회일까요? 요한계시록에 등장하는 소아시아 일곱 교회 중에, 어째서 유독 이 한 교회만 질책을 면했던 것일까요? 더군다나 징계 대신에 축복을 받았죠.

빌라델비아 교회는 다른 교회와는 달리 진리의 편에 굳게 서 있었습니다. 나머지 여섯 교회가 점차 진리를 잃어 가는 사이, 충성된 빌라델비아 교회 앞에는 하나님께서 아무도 닫을 수 없는 '열린 문'을 두셨습니다. 이 열린 문을 언급하시기 전에, 하나님께서는 스스로를 이렇게 소개하셨습니다. "거룩하고 진실하사 다윗의 열쇠를 가지신 이 곧 열면 닫을 사람이 없고 닫으면 열 사람이 없는 그"(계 3:7)라고 말이죠. 하나님께서는 이미 죽음과 지옥, 무덤의 열쇠를 가지고 계십니다. 하나님 나라의 문을 열 수 있는 열쇠는 두말할 것도 없고요. 하나님은 지금도 교회를 향해 선포합니다. 우리의 미래와 소유, 영생의 열쇠가 하나님께 있다고 말이죠. 누가 그 열쇠를 쥐고 있는지 아는 것은 참으로 복된 믿음입니다.

그런데 우리는 제대로 된 문을 찾아 들어가기에만 급급합니다. 그러나 결국, 이 땅에 속한 어느 누구에게도 그 문을 열어 줄 열쇠는 주어져 있지 않죠. 열쇠는 오직 하나님의 손안에 있습니다. 우리가 하나님께 신실하면, 하나님은 우리에게 미쁘심과 의로우심을 나타내십니다. 우리를 가장 의롭다 여겨 주시고, 바랄 수 없는 중에 은혜를 부어 주시는 그런 하나님이십니다. 하나님께서 열어 두신 문은 그 누가 아무리 힘써 닫으려고 해 봐야 소용이 없습니다. 오직 열쇠를 가진 분만 닫을 수 있기 때문이죠. 하나님은 그 누구도 닫을 수 없는 문을 열고, 그 누구도 열 수 없는 문을 닫는 능력을 지니셨습니다.

하나님께서 당신에게 열어 주시지 않는 문들이 있을 것입니다. 하나님의 계획과 맞지 않으니까요. 그러나 더 합당한 이유가 있습니다. 바로 우리에게 더 좋은 문을 예비해 두셨기 때문입니다. 하나님을 만날 수 있는 통로이자, 믿음 안으로 들어가는 더 좋은 문 말이죠. 바로 '구원의 문'입니다. 그러니 다른 문이 닫히기 시작한다고 해서, 미리 상심하지 마세요. 하나님께서 우리에게 눈으로 본 적 없고, 귀로 들은 적 없는 문에 접근할 권한을 주심에 기뻐하세요. 하나님께서 당신에게 예비하신 '열린 문'으로 인도하시는 크신 은혜에 감사하세요.

| 묵상 포인트 |

1. 인생의 여러 문이 닫혀 있는 것만 같아서 한탄해 본 적이 있나요?

_____

_____

_____

_____

2. 원하는 문을 통과할 수 있는 열쇠를 얻는다면, 당신은 어떤 문에 접근하고 싶나요 (치유, 경제적 독립, 직업 등)?

_____

_____

_____

_____

3. 문 하나를 영원히 닫아 버릴 수 있다면, 당신은 어떤 문(일, 관계, 과거 등)을 선택할 건가요? 그 이유는 무엇인가요?

_____

_____

_____

_____

　빌라델비아 교회의 사자에게 편지하라 거룩하고 진실하사 다윗의 열쇠를 가지신 이 곧 열면 닫을 사람이 없고 닫으면 열 사람이 없는 그가 이르시되 볼지어다 내가 네 앞에 열린 문을 두었으되 능히 닫을 사람이 없으리라 내가 네 행위를 아노니 네가 작은 능력을 가지고서도 내 말을 지키며 내 이름을 배반하지 아니하였도다(계 3:7-8).

| 그룹 성경 묵상 가이드 |

1. 한 주 동안 읽은 말씀 중에 가장 와닿았던 장, 또는 구절을 한 사람씩 돌아가면서 나누어 보세요.

2. 당신은 이 특정 말씀을 어떻게 해석하나요? 이 말씀의 저자가 무엇을 말하고 있다고 생각하나요?

3. 이 묵상 글을 뒷받침해 줄 만한 다른 성경 구절이 있나요?

4. 말씀을 읽으면서, 당신은 하나님의 사랑과 자비를 더 깨닫게 되나요, 아니면 하나님의 분노를 더 느끼게 되나요? 설명해 보세요.

5. 이 말씀을 당신의 삶에 어떻게 적용할 수 있을까요?

6. 말씀 중에서 당신과 가장 비슷한 인물은 누구인가요? 그 말씀에서 자신의 어떤 면을 보게 되나요?

7. 이번 주 묵상 글을 읽은 후에, 앞으로 새롭게 다짐한 실천 사항들이 있나요?

8. 당신이 착하고 충성된 사람이 되는 데, 이번 주 말씀은 어떻게 도움이 되었나요?

9. 말씀을 읽고 깨달은 원칙이나 신념 중에, 다른 사람에게 가르쳐 줄 만한 것이 있다면 무엇인가요?

10. 읽은 말씀을 바탕으로, 당신의 옆에 앉은 지체에게 격려하는 시간을 가져 보세요.

◆〈말씀 챙김 읽기표〉 / 1년 52주 성경 통독

	월	화	수	목	금	토	주일
1주	창 1-4	창 5-8	**창 9-12**	창 13-15	**창 16-18**	창 19-21	놓친 말씀 따라잡기
2주	창 22-25	창 26-29	창 30-33	**창 34-36**	창 37-41	창 42-46	
3주	창 47-50	**출 1-3**	출 4-7	출 8-11	출 12-15	출 16-18	
4주	출 19-21	출 22-25	출 26-29	**출 30-32**	출 33-36	출 37-40	
5주	**마 1-3**	마 4-7	마 8-11	마 12-15	마 16-19	마 20-22	1. 이번 주 읽은 성경 말씀과 못 읽은 부분 읽기
6주	마 23-25	마 26-28	레 1-4	**레 5-8**	레 9-12	레 13-15	
7주	**시 1-3**	레 16-19	레 20-23	시 4-6	레 24-27	시 7-10	2. 교회 주일 예배 참석하기
8주	민 1-4	**민 5-6**	잠 1-3	민 7-9	민 10-13	잠 4-7	3. 다음 주 계획 세우기
9주	**민 4-16**	민 17-19	민 20-22	잠 8-11	민 23-26	잠 12-14	
10주	**민 27-30**	민 31-33	민 34-36	막 1-5	막 6-10	막 11-16	
11주	**신 1-4**	신 5-8	시 11-14	신 9-11	신 12-15	시 15-17	
12주	신 16-18	신 19-21	시 18-21	신 22-25	**신 26-28**	시 22-25	
13주	신 29-31	신 32-34	**수 1-4**	수 5-8	수 9-12	수 13-16	
14주	수 17-20	수 21-24	잠 15-17	삿 1-3	삿 4-6	**삿 7-10**	

	월	화	수	목	금	토	주일
15주	삿 11-14	삿 15-17	삿 18-21	시 26-29	**시 30-33**	시 34-37	놓친 말씀 따라잡기
16주	룻 1-4	**삼상 1-3**	삼상 4-7	삼상 8-11	삼상 12-14	삼상 15-17	
17주	삼상 18-21	삼상 22-25	삼상 26-29	삼상 30-31	삼하 1-4	**삼하 5-8**	
18주	**삼하 9-12**	삼하 13-15	삼하 16-18	삼하 19-21	삼하 22-24	시 38-41	
19주	왕상 1-4	왕상 5-7	왕상 8-10	왕상 11-14	**왕상 15-18**	왕상 19-22	
20주	왕하 1-3	왕하 4-7	**왕하 8-11**	왕하 12-15	왕하 16-18	왕하 19-22	
21주	왕하 23-25	**눅 1-4**	눅 5-7	눅 8-11	눅 12-14	눅 15-18	
22주	눅 19-21	눅 22-24	**시 42-47**	시 48-54	시 55-61	시 62-67	
23주	대상 1-4	대상 5-8	대상 9-12	**대상 13-16**	대상 17-19	대상 20-22	
24주	대상 23-26	대상 27-29	대하 1-3	**대하 4-7**	대하 8-10	대하 11-13	
25주	**잠 18-21**	잠 22-24	잠 25-27	잠 28-31	대하 14-16	대하 17-19	
26주	**대하 20-24**	대하 25-28	대하 29-32	대하 33-36	시 68-72	시 73-78	
27주	에 1-3	**에 4-6**	에 7-10	시 79-84	시 85-89	시 90-96	
28주	**욥 1-3**	욥 4-7	욥 8-11	욥 12-14	욥 15-17	욥 18-21	

	월	화	수	목	금	토	주일
29주	욥 22-24	욥 25-28	욥 29-31	욥 32-35	욥 36-39	**욥 40-42**	놓친 말씀 따라잡기
30주	요 1-4	요 5-8	요 9-11	**요 12-15**	요 16-18	요 19-21	
31주	**전 1-4**	전 5-8	전 9-12	시 97-100	시 101-103	시 104-106	
32주	아 1-4	**아 5-8**	시 107-110	시 111-116	시 117-119	시 120-128	
33주	사 1-4	**사 5-8**	사 9-12	사 13-16	사 17-20	사 21-24	
34주	사 25-27	사 28-31	사 32-35	사 36-39	사 40-42	**사 43-46**	
35주	사 47-49	사 50-53	**사 54-57**	사 58-60	사 61-63	사 64-66	
36주	행 1-3	행 4-7	행 8-10	**행 11-14**	행 15-17	행 18-21	
37주	행 22-25	**행 26-28**	렘 1-3	렘 4-6	렘 7-11	렘 12-15	
38주	**렘 16-19**	렘 20-22	렘 23-26	렘 27-30	렘 31-34	렘 35-37	
39주	**렘 38-41**	렘 42-45	렘 46-49	렘 50-52	애 1-2	**애 3-5**	
40주	**겔 1-3**	겔 4-7	겔 8-11	겔 12-15	겔 16-18	겔 19-21	
41주	겔 22-24	겔 25-28	겔 29-32	겔 33-36	**겔 37-39**	겔 40-42	
42주	겔 43-45	겔 46-48	**단 1-4**	단 5-8	단 9-12	시 129-135	

	월	화	수	목	금	토	주일
43주	**시 136-142**	시 143-150	롬 1-4	롬 5-8	롬 9-12	롬 13-16	놓친 말씀 따라잡기
44주	호 1-5	호 6-10	호 11-14	**욜 1-3**	암 1-5	암 6-9	
45주	옵 1	욘 1-4	미 1-4	미 5-7	나 1-3	**합 1-3**	
46주	고전 1-4	고전 5-8	고전 9-12	고전 13-16	고후 1-6	**고후 7-13**	
47주	습 1-3	**학 1-2**	슥 1-5	슥 6-10	슥 11-14	말 1-4	
48주	스 1-5	스 6-10	느 1-3	**느 4-7**	느 8-10	느 11-13	
49주	갈 1-6	엡 1-6	**빌 1-4**	골 1-4	살전 1-5	살후 1-3	
50주	딤전 1-6	딤후 1-4	딛 1-3	몬 1	**벧전 1-5**	벧후 1-3	
51주	히 1-7	히 8-13	약 1-5	**요일 1-5**	요이 1, 요삼 1	유 1	
52주	**계 1-3**	계 4-7	계 8-11	계 12-15	계 16-19	계 20-22	

| 일러두기 |

1. 본 〈말씀 챙김 읽기표〉는 《말씀 챙김》 성경 묵상 순으로 새롭게 배열한 성경 읽기표입니다.

2. 〈말씀 챙김 읽기표〉에 따르면 성경 전체를 1년에 한 번 읽을 수 있습니다.

3. 《말씀 챙김》 묵상과 함께 매일 읽어야 할 분량이 표기되었습니다. '하루 말씀'을 읽고 〈말씀 챙김 읽기표〉에 표시할 수 있습니다.

4. 〈말씀 챙김 읽기표〉의 저작권은 도서출판 아이템하우스가 소유하고 있습니다.

◆추천

김정석 감독 (광림교회 담임목사)

성화와 성경의 만남으로 얻는 깊은 감동

성경을 묵상하며 상상으로 그려보던 것을 화가들의 안목과 영성을 통해 눈으로 직접 볼 수 있다는 것은 큰 축복입니다. 중세시대 성경을 읽을 수 없던 사람들에게 성화는 큰 영감과 은혜를 주었고, 특별히 문맹자들에게 말씀을 전하기위해 최대한 성경이 말하고자 하는 것을 자세하게 그린 삽화나 성화들은 오늘날 우리에게도 미처 보지 못하던 것을 보게 합니다.

이러한 성화들을 모아 《한눈에 명화로 보는 성경》이라는 좋은 책을 엮어 주심에 감사를 드립니다. 이 책은 우리가 평소에 접하지 못했던 새로운 성화들을 소개하며, 말씀을 보다 다양한 각도에서 이해할 수 있는데 큰 도움을 줍니다. 또한, 성경 전체를 숲으로 보는 것처럼 핵심적인 사건을 이해하기 쉽게 설명하고있습니다. 무엇보다 좋은 것은 이 책에 실려진 성화와 해설을 통해 보다 입체적으로 성경의 이야기를 바라보며 묵상할 수 있다는 것입니다.

김병삼 목사 (만나교회 담임목사)

모두가 쉽게 즐길 수 있는 성경 이야기

예술 작품은 종교를 떠나 남녀노소 모두에게 마음의 울림과 시각적 즐거움을 줍니다. 그런 작품을 창작하는 예술가들에게는 영감이 중요합니다. 이들에게 많은 영감을 준 것 중 하나가 성경이 아닐까요? 이 책의 출간이 반가운 것은 명화에 익숙한 비그리스도인들과 성경에 익숙한 그리스도인들이 모두 함께 즐길 수 있기 때문입니다. 이제껏 명화에 담긴 한 장면만을 봐왔던 사람들은 명화의 콘텍스트(context)가 되는 성경 이야기를 통해 더 깊은 감상으로 나아갈 것이고, 글로 쓰인 성경만을 봐왔던 사람들은 다채로운 그림을 통해 이야기 속 특정 장면을 상상하며 읽는 즐거움을 얻게 될 것입니다.

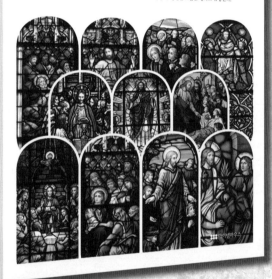

◆추천

장대은 목사 (도서관교회 담임목사, 작가)

명화 성경은 하나님과 우리를 잇는 다리입니다

성경은 태초에 하나님이 천지를 창조하심을 선포하며 시작됩니다. 창조된 세계를 수많은 사람들은 터전 삼아 살아가고, 성경은 그들의 희로애락, 흥망성쇠를 가감 없이 전해줍니다. 성경 인물들의 삶과 사건들을 통해 우리는 하나님과 인간 존재를 더욱 깊이 알아가게 됩니다. 동시에 하나님을 향한 믿음은 더욱 부요해져 갑니다.

이 책은 성경 인물과 사건들에 대한 명화를 연대순으로 정리하여 소개합니다. 명화가 된 성경 이야기를 순서대로 따라가다 보면 그토록 어렵던 성경 이야기가 쉽게 이해됩니다. 명화가 된 성경을 감상하는 사이 우리 마음속에는 신구약 성경의 인물과 사건에 대한 이야기는 선명한 그림으로 그려져 갑니다. 이 책을 통해 우리를 향한 하나님의 선물인 성경을 더욱 깊이 깨닫고 가까이하는 축복을 누리시기를 바랍니다.

이요엘 교수 (한동대학교 아시아언어문화원 교수, 근동성경연구소 소장)

성경 말씀을 세계 명작으로 감상하는 즐거움

와우~ 멋진 책입니다! 책을 넘기는 순간 출현하는 세계적인 명화들의 눈빛이 가슴을 설레게 합니다! 이 책은 세 가지 장점을 독자에게 선물하고 있습니다.

첫째, 간결한 문체가 레오나르도 다 빈치, 루벤스, 보티첼리, 반 다이크. 카라바조 등 익히 알려진 명작에서 뿜어 나오는 메시지들이 어려웠던 성경을 해소시키며 연대기적으로 쉽게 뇌리에 각인시킨다는 점입니다.

둘째, 성경을 어려워하는 독자들에게 충실하여 구성된 문체 구성을 통해, 성서의 세계로 사뿐히 빠져들게 해준다는 점입니다.

셋째, 유럽 헬레니즘의 이성주의 세계관에서, 헤브라이즘에 기초한 신앙적 명화들이 표현하는 예술적 고뇌들이, 당대에 구원의 길을 소개하는 도구였다는 것을 알게 해줍니다. 즉 격동의 유럽 예술사 속에서 성서 예술이 당대의 문화적 선교를 실현하려 노력했다는 점을 이 책에서 깨우칠 수 있습니다

1년 52주 하루 15분, 한 줄 성경의 힘

말씀 챙김

초판 1쇄 인쇄 | 2021년 3월 10일
초판 1쇄 발행 | 2021년 3월 20일

지 은 이 | 킴벌리 D. 무어
옮 긴 이 | 나수아
펴 낸 이 | 박효완
기   획 | 이혜미
책임편집 | 권희중
아트디렉터 | 김주영
마 케 팅 | 신용천
물류지원 | 오경수

발 행 처 | 아이템하우스
출판등록번호 | 제2001-000315호
출판등록 | 2001년 8월 7일

주   소 | 서울 마포구 동교로 12길 12
전   화 | 02-332-4337
팩   스 | 02-3141-4347
이 메 일 | itembooks@nate.com

ISBN 979-11-5777-129-5

■ 특별한 표기가 없는 모든 성경 구절은 대한성서공회의 개역개정판을 인용한 것입니다.
■ 파본이나 잘못된 책은 구입하신 곳에서 바꿔드립니다.